Dictionary of Counseling

諮商輔導學辭典

樊雪春、樊雪梅　著

關於本書

　　輔導原理的課程成為諮商輔導方面的重要必修課已經二十多年，在教學的過程中一直覺得少了一本可以參考的工具書，正如學習英文的過程需要字典，學習輔導和諮商的課程也應該有一本參考用的辭典，讓人們更容易進入諮商輔導的學習世界。受到張春興老師的鼓勵，和心理學辭典的啟發，所以有了撰寫的動機。

　　《諮商輔導學辭典》就是在這樣的一個心念下產生的，這本書是由樊雪春老師負責大部分的撰寫工作，精神分析學派部分則由在英國倫敦研習精神分析多年的樊雪梅老師負責撰寫，一版部分凃冠如老師在行政和資料整理有諸多協助。二版部分陳煒老師協助整理新收入的名詞，在此一併感謝。希望集結大家的力量，讓這一本小書成為一本諮商輔導學習的好工具書。

　　這本書在第一版出版後，陸續成為許多人讀諮商輔導的入門書，每年在臺灣售出數百本，成為心理專業書籍的長銷書，有越來越多的人透過此書，得以對心理諮商專業，有初步的認識與瞭解；透過讀者的回饋，也使本書在第二版編寫的過程中，收入更多關於測驗、牌卡的資料。第三版的編寫則將一些近年重要的專有名詞擴大收入，我的女兒也提供了相關意見，這本書能夠成為女兒的參考用書，無疑在心理專業和為人母角色上，是我人生最大感恩。目前心理諮商輔導已經在證照制度的建立下，有了專業的地位，每年有數百名學生投入研究所的進修，並取得心理師執照，盼望這本書能繼續成為諮商輔導專業的入門書，幫助更多人進入與瞭解諮商輔導專業，也讓更多人從諮商輔導專業的協助中，獲得生命的改變和心靈的成長。

　　感謝這本書的誕生！

樊雪春 於心空間工作室

目 次

A 字母之解釋名詞

ABCDEF 理論

　　ABCDEF理論是Ellis認知行為治療法中，關於人格理論方面的重要概念。認知行為學派認為個體情緒（C）的產生，是個體內在對於該事件（A）的信念（B）所造成，若個體不斷重複不合邏輯、非理性的信念，則會產生情緒困擾。當個體能在諮商師的協助下，學會駁斥（D）自己的非理性信念，則會產生新的信念與效果（E）及感受（F）。ABCDEF所代表的關係與字義說明如下：

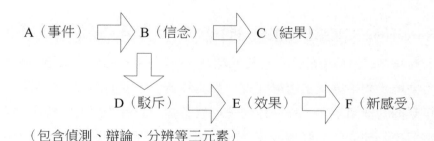

A（事件） ➡ B（信念） ➡ C（結果）

D（駁斥） ➡ E（效果） ➡ F（新感受）

（包含偵測、辯論、分辨等三元素）

1.A＝事件（Activating Event），是個體現實生活中所面臨的事件。

2.B＝信念（Belief），是個體與生俱來、從父母那邊學習而來、自我創造的各種理性、非理性信念。

3.C＝情緒與結果（Emotional and Behavioral Consequence），是個體面對該事件的產物，包含健康與不健康的情緒、行為等。

4.D＝駁斥（Disputing），駁斥是認知行為治療師工作的重點，藉由偵測（Detecting）、辯論（Debating）、分辨（Discriminating）的方式，協助當事人挑戰自己的非理性信念。

5.E=效果（Effect），是駁斥之後的產物，係指以一個新的有效的信念取代原先的非理性信念。

6.F=感受（Feeling）若當事人成功以理性信念取代非理性信念，則個體便創造了一種新的情緒型態、舒服的情緒狀態。

　　例如，阿嘉受女友劈腿後（A），情緒始終低落，即便身邊有聊得來與心動的女子，也沒有辦法再嘗試下一段感情（C）。經過諮商師的協助後，阿嘉發現自己內在有一個「追到手的女孩就可以放旁邊，專注在自己的事業上」的非理性信念（B），經由一次次偵查、駁斥自己的非理性信念，阿嘉開始產生「感情是需要雙方付出與經營的」信念（E），取代原先的非理性信念，進而開始對被劈腿的事件有不同的感受（F），也感覺到自己對另外一位女子心動的情緒狀態。

Abreaction　宣洩法（精神分析）

　　宣洩法最早使用於心理分析的語言中，早期Freud研究歇斯底里病症時發現，如果讓案主透過述說，重新敘述過去或發現痛苦的經驗、童年壓抑的情緒事件，這種伴隨著情感及強烈感覺的語言宣洩，將為個案帶來心理症狀的好轉或解除。例如，諮商師協助一位受到暴力虐待的婦女覺察到潛意識中受到傷害的心情，在諮商室中經由生氣憤怒地述說，宣洩其心中壓抑已久的傷痛和複雜情緒。

Acceptance and Commitment Therapy（簡稱ACT）
接納與承諾治療

　　接納與承諾治療是一種以正念為基礎的治療法，是指治療師幫助當事人完全接納當下的經驗，不批判，不忍受，而是全然擁抱當下的所有經驗，無論這些經驗是正面或是負面，再進一步透過探索生活價

值和意義後承諾行動。這種療法並不強調改變當事人的想法，而是接納當事人的認知，並且協助當事人以正念的態度，選取對其自身有價值有意義的生活，進一步承諾行動，並接納過程中當事人的所有經驗。例如：治療師會協助當事人探索自己的生活目標和想要的生活，以及生活中對當事人有意義的事物，任何負面及正面的想法都會被接納，在治療中當事人覺察對自己有價值的事物，並進一步在行動中做出承諾，最終當事人能過上有價值及有意義的生活。

目前接納與承諾療法應用在憂鬱、焦慮、恐慌、物質濫用和創傷後壓力症候群的治療上都有所成效。

Accommodation　調適

完形治療學派中，Miriam Polster（1987）提出「發現」、「調適」、「同化」三個統整階段描述個案經由治療師治療後的成長。其中調適係指個案在支持的晤談環境中，能夠提高案主對自我的覺察，並在晤談或是生活中嘗試新的行為，並且當個案覺察該新行為有困難時，能夠再回到諮商室當中與諮商師討論問題成因，並且往新的可能方向走。例如，一位經晤談覺察到自己因為有權威恐懼而和指導教授討論論文時會結結巴巴、思緒中斷，於是嘗試在和教授討論前，先書面摘要出要討論的內容，協助自己改善對權威的恐懼。

Achieveing Individuation　個己化

「個己化」是Jung學派對於人格的重要觀念，是個體人格成熟的重要狀態。Jung認為個體內在同時具有正向與負向的內在力量，其中正向力量具有建設性、光明面；負向力量具有黑暗面、破壞力量，而「個己化」就是將個體內在的這兩股力量加以整合，使個體能夠接納自己

的負向面，也能發展自我的正向面，認同這兩者是自我的本性內涵，並且能夠加以控制，而個己化也就是將個體內在潛意識與意識面加以整合的結果。

　　個己化的過程包含兩個部分，第一部分是在世界上找到自己的位置，而能自我肯定。第二部分則是統整生命中正面與負面的個性，人們常在中年開展這一段個己化的歷程。

Act Fulfillment　演出實現（心理劇）

　　演出實現是心理劇的重要概念，是指在心理劇導演的導引下，心理劇的主角將過去的創傷經驗經過重新演出的過程，透過導演的引導，給予不同的經驗體會，使個案重新矯正其負面經驗，並創造出一個較不同且令人滿意的生命結果經驗。例如，導演協助一位被父親趕出門而離家的成員，重新經歷在被趕出家門時的經驗及那段時間對父親愛恨交織的情感，從中統整這段經驗中的成長。

Action-Oriented　行動導向

　　「行動導向」、「認知歷程對行為影響之中介因素」、「強調個人責任」等三個議題統合了「行為主義取向」與「人本主義取向」。其中，行動導向是指當事人在晤談的歷程中，不只是經由覺察知道自己的問題、行為習性，同時更進一步的採取明確、可行的行動，去改變自己的生活。例如，個案經覺察發現自己經由吃來因應壓力，造成體重過重，當看到問題根源後，進一步計劃並採取行動，例如當面臨壓力時，以聽喜歡的音樂來幫助自己放鬆。

Activity Scheduling　活動計畫表（認知；行為）

　　活動計畫表主要運用於行為治療法與認知治療法，其功用是協助個案訂立具體可行的行動計畫，協助個案達成個人目標。通常，活動計畫表的內容是簡單、具體可行的，並且具有循序漸進的特點。例如，個案喜歡把東西隨手亂丟，治療師協助個案訂定可行的計畫，協助個案養成隨手將東西歸位的習慣。

Actualizing Tendency　實現傾向（個人中心）

　　實現傾向是Rogers個人中心治療對人的基本假設。Rogers認為每個有機體個人天生都有一個朝向成長與實現個人內在潛力的傾向，只要給予一個溫暖無條件關懷接納的環境，每個有機體個人都會朝自我實現方向走。此外，Maslow的需求論中也提及當個體的生理需求滿足後，會追隨內在更高層次的自我實現。

Advanced Empathy　高層次同理心

　　與初層次同理心不同的是，諮商師不只針對當事人明白表示出來的想法與情感作反映，同時也對其表達中隱含的、說了一半、沒有明白表達出來的，甚至當事人尚未意識到的部分作反映，使當事人經由諮商師的反映而能對其想法或感受有更充分與深入的探索與瞭解。例如，案主不斷述說先生對她的指責，說她一無是處；表面上看起來個案是生氣先生的，但諮商師若是反應出個案內在對先生的「在意」和「看重」，這就是較高層次同理心的表現。

Agoraphobia　懼曠症

懼曠症是焦慮性疾患的類別之一。根據DSM-IV的診斷，懼曠症之病患有以下幾個特點可判斷之：

1. 懼曠症者基本特質是個案焦慮自己在某些情境或地方時，若是在該情境中恐慌症狀發作，個案會有逃脫上的困難、覺得自己得不到他人的幫助。例如，對獨處感到焦慮、面對群眾感到焦慮、恐慌等。
2. 未經治療的恐慌症患者常會發展出懼曠症，最後可能演變成為無法獨自離開家門外出、行動上受到限制，或是需要有人陪伴才敢出門。
3. 懼曠症會影響個案的日常生活功能，導致個案無法通勤工作或完成責任。
4. 懼曠症與社會畏懼症、特定對象畏懼症、嚴重分離焦慮疾患之間的相同特徵都是「逃避特定情境」，因此這幾類型的疾患在鑑別上是不容易的。

懼曠症的治療一般而言都以處理內在焦慮為主，以探索、想像的方式瞭解焦慮的內容與引發焦慮的線索，可以有效協助懼曠症的個案。

Anal Phase　肛門期（精神分析）

肛門期為佛洛依德精神分析理論中，性心理發展人格的第二階段，大約是從十八個月到三歲之間。個體在此階段藉由排便控制感受到滿足；該階段發展任務為培養獨立感、學習處理負向情緒。此時成人若在訓練小孩的態度上太過嚴苛或是放縱，可能會影響小孩顯現出「潔癖」、「吝嗇」和「頑強」等三種性格特徵。

在心理治療的意義中，肛門期代表一個人如何說「Yes」到「No」的內在歷程，和人我界線有相當關係。不能說NO的人會有順從的狀況，而不能說Yes的人則有叛逆的表現。這個時期的性感覺中心在肛門，留住或排除糞便會帶來愉快的感覺。

Androcentric Theory 　男性中心理論

　　經由一系列女權運動的發聲，在心理治療理論上，也漸漸出現女性主義治療學派。女性主義治療學派在對人的人性觀看法上，認為過去對於性別角色的基本假設，是以「男性中心理論」為出發，也就是說，從男性導向的觀點來建構、推論人性的本質如何。例如，Gilligan認為Kohlberg提出的三階段、六層次的道德發展說，是較說理取向的，道德發展說的階段主要是以男性發展為中心，忽略了女性從關懷、重關係的觀點看待當遇到道德兩難的問題時，女性內在判斷的方式如何，從關係而言，女性是渴望和諧並存的哲學。

Anima 　阿尼瑪（分析心理治療）

　　Anima是容格學派對於人格原型（Archtype）的重要概念之一。Jung主張集體潛意識的內容就是原型，包含「面具人格（Persona）」、「阿尼瑪（Anima）」、「阿尼瑪斯（Animus）」以及「陰影（Shadow）」等四個部分。其中，「阿尼瑪」是指男性中「女性」的生物暨心理層面，是一種女性原型的意像，無論是男性或女性，都有這個部分。阿尼瑪的功能，是提供男女互動時，通往理解女性集體潛意識的橋梁，男性可以運用阿尼瑪做為瞭解女性的基礎，這部分有助於和女性溝通與瞭解，並發展好的關係。

　　例如，一位男性內在阿尼瑪的人格原型，協助他在兩性關係中，展現體貼的一面，理解懷孕的妻子在懷孕初期因孕吐而容易疲憊，因而在妻子一天工作完後，以按摩的方式讓太太感覺較舒服。

Animus　阿尼瑪斯（分析心理治療）

Animus是容格學派對於人格原型的重要概念之一。Jung主張集體潛意識的內容就是原型，包含「面具人格（Persona）」、「阿尼瑪（Anima）」、「阿尼瑪斯（Animus）」以及「陰影（Shadow）」等四個部分。其中，「阿尼瑪斯」是指女性中「雄性」的生物暨心理層面，是一種男性原型的意像，無論是男性或女性，都有這個部分。阿尼瑪斯的功能，是提供男女在互動時，通往理解男性集體潛意識的橋梁，女性可以運用阿尼瑪斯做為瞭解男性的基礎，這部分有助於和男性溝通與瞭解，並發展好的關係。

例如，一位女性內在的阿尼瑪斯人格原型協助她在兩性關係中展現堅強的一面，理解先生因為理想而辭去工作，投入自己創業的計畫中，因此在先生奮鬥的這段期間，一肩負擔家計，讓先生無後顧之憂。

Anorectic　厭食症

厭食症屬於飲食性疾患，其特徵在於「對於進食行為有嚴重障礙」，但是不代表患者會失去食慾。心因性厭食症者對於自己的身材、體重有知覺上的障礙，並因強烈害怕體重增加而拒絕維持最低正常體重標準等特徵。根據DSM-IV的診斷，如何判斷患者體重過低，可從父母或其他資料參考下列準則取得訊息：

準則A：參考個案體格與體重過去史，提供BMI值，以供參考。

準則B：個案強烈害怕體重增加，即便體重持續減少，個案依舊對於體重增加仍有高度擔憂。

準則C：對於自己的身材、體重看法扭曲，認為自己全身超重，又或者雖然知道自己算瘦，但仍擔心身體某部分（腹部、臀部、大腿、手臂⋯⋯）太肥。

厭食症患者會無所不用其極的採用各種方式量度自己的身體尺寸、體重，並影響自己的自尊心，同時，病人可能否認因為營養不足所引的嚴重身體合併症，例如，已有生理週期女性有無月經症；尚未有生理期的女性，生理期延緩到來。

心因性厭食症患者，有「禁食型」與「暴食／清除型」等兩種亞型。其中，前者經由節食、禁食、過度運動等方法來減輕體重；後者則多數每星期至少一次藉由嘔吐、利尿劑、瀉藥、灌腸……等方式，將吃進去的食物催吐出來。關於厭食症者的治療方式，可藉由醫藥與心理治療雙管齊下，始達成最佳效果。

厭食症患者在心理治療的意義上，主要和「控制」的內在主題有關，通常和父母有「關係」上的議題，透過進食的控制能夠擁有某一種渴望中的關係。厭食症的臨床案例多發生於女性，通常在心理動力上，和母親的關係常在一種複雜的情緒中，像是想親密又怕被控制，又愛又恨的狀況。

Antisuggestion　反建議（阿德勒）

反建議法又稱「欲擒故縱法」或「矛盾處置」，是諮商技術的類型之一。反建議法是諮商師利用自相矛盾的兩種方法，引導個案意識到與誇大自己不適當的思想與行為，使個案更清楚瞭解他的思想感覺或行為是如何扭曲與荒謬，讓個案瞭解唯有放棄與改變這些行為、感覺和思想，才能有比較好的生活品質。

例如，諮商師經過評估後，邀請一位眼中只有小孩的直昇機型母親，24小時緊盯自己的小孩，並詳細記錄小孩的一舉一動，母親在這段期間的緊迫盯人後，覺察自己對孩子的擔憂是過度的，從而放棄原先的認知想法。

Anxiety as a State of Being　焦慮是一種存在狀態

詳見Existential Anxiety（存在性焦慮）。

Archetype　原型（分析心理治療）

原型是Jung學派用來形容集體潛意識的結構性元素。所謂原型是指普遍的、集體的、原始的思考型式，它涵蓋許許多多的情緒成分，並創造許多圖像，例如圖騰。原型源於過往的經驗，這些經驗是經過很多世代不斷反覆發生粹煉而成的，它使我們在類似的情境中，傾向以某種方式來做反應。在原型的類型當中，最重要的有「面具人格」（Persona）、「阿尼瑪」（Anima）、「阿尼瑪斯」（Animus）、「陰影」（Shadow）。

例如所有的人類都有嬰兒期爬行的經驗，需要抬頭看大人的經驗，這樣的經驗會形成一種自我渺小的共同情緒經驗，期待英雄的一種人類共同經驗可能就會形成。在童話故事、神話、傳奇或夢中，這些跨越文化和時空的素材中，常常可以看到原型意像的呈現，像是智者、巫婆、受苦的英雄等，這類的故事在坎伯的《千面英雄》一書中有很清楚的描述。

Aromatherapy　芳香療法

芳香療法又稱精油療法，是屬於另類療法的一種心理療癒方式，它使用植物不同部位的素材如：葉子、花朵、種子等提煉精油。帶有芳香特質的植物香精油（Essential Oils）為其主要使用媒介，經由人體的嗅覺感官功能，提升正面情緒、免疫力與放鬆。這種方式的靈感源自於東西方另類醫學，針對患者的實際心理及生理需求來選擇植物精

油，以複方方式搭配，當患者生理及心理改變，精油配方也會隨之調整。

Art Therapy 藝術治療

　　藝術治療是一種融合了創造性藝術表達和心理治療的助人專業。案主在治療關係中，透過藝術媒材，從事視覺心像的創造性藝術表達。藉此心像表達，反映、覺察與統整個人的發展、能力、人格、興趣、意念、潛意識與內心的情感狀態。在治療關係中的表達經驗和作品呈現出來的回饋，具有成長、預防、診斷和治療功能。個人情感、問題、潛能與潛意識在治療關係中被發掘與體悟，進而得以在治療關係中加以解決與處理，幫助個案達致自我瞭解、調和情緒、改善社會技能、提升行為管理和問題解決的能力，促進自我轉變與成長、人格統整及潛能發展。

　　不同的藝術治療方式植基於不同的心理理論，藝術表達的方式是個人內在創造力和統整自我的重要路徑。

Assertion Training 肯定訓練（行為）

　　肯定訓練又稱之為「自主訓練」、「自我肯定訓練」，是行為學派的治療技術之一。行為學派基本假定認為個體有權力表達自己的想法、信念、態度，因此治療師可藉由協助個案在適當情境當中，敏銳覺察別人的感受、權利，選擇表達出自己果斷相對應的行為，此技術在團體中有「社會強化」的功用。肯定訓練適合於無法在人面前表達自己真正的想法、情感、無法拒絕別人，不敢生氣憤怒，過份有禮的人。例如，當個案在工作職場上對於別人不合理的請求無法說「不」，此時治療師可以協助個案訓練自己表明立場，如「我也很想

幫你，但我對你的業務不熟，如果弄錯了會造成你更多的麻煩，我想還是你自己來好了。」

　　通常肯定訓練先從個案比較有把握的人、事、物開始，然後再一步步的擴大到其他較沒有把握的面向。

Assimilation　同化

　　完形治療學派中，Miriam Polster（1987）提出「發現」、「調適」、「同化」三個統整階段描述個案經由治療師治療後的成長。其中，同化係指個案學會在日常生活環境中，不再被動的被環境所影響，而是主動的去影響環境，也就是說，個案更有能力、有信心、表明自己的立場去處理事情。

Attention-Deficit/Hyperactivity Disorder（簡稱ADHD）注意力缺乏過動症

　　注意力缺乏過動症（ADHD）盛行率約1-5%，男女比大約2：1到10：1，約有一半的兒童是在四歲之前就發病，而某些症狀要七歲之前才能下診斷，由此可見，注意力缺乏過動症是兒童常見的障礙之一，並且男童比率高於女童。

　　注意力缺乏過動症是指兒童在行為表現上出現「不專心」、「坐立難安」、「過動」及「衝動」等，而這些行為表現容易造成兒童在生活、學習、社交情境中出現問題。依據DSM-IV的診斷，若兒童在兩個或兩個以上的情境中出現「不專心」或「過動及衝動」或同時出現這兩類行為，同時這些症狀達六個月以上者稱之。DSM-IV將注意力缺乏過動症分為下列三種亞型：

1.不專心（Inatention）：係指兒童面對事情時容易分心，無法完成完整

活動、對細節缺乏注意力、健忘、無法仔細傾聽、組織問題等症狀。

2.過動及衝動（Hyperactivity-Impulsivity）：係指兒童在行為上，過動與衝動，像是坐不住、發出噪音、不遵守課堂秩序等。

3.組合型：係指兒童的行為與情緒同時符合上述兩種型態。

　　在ADHD的治療上，可分為「藥物治療」與「心理治療」等兩方面。藥物治療上，最常用的處方是利他能、左旋安非他命（dextroamphetamin（Dexedrine）），以及Adderall。停藥之後，兒童可能出現行為反彈（Behavioral Rebound），諸如易怒、過動、容易亢奮等症狀。

　　心理治療上，包括「行為治療」、「家庭治療」、「認知行為治療」、「遊戲治療」、「心理動力治療」等，諮商師藉由心理治療教導兒童自我對話、自我監控、將行為類化至其他情境等。目前依據過去研究文獻指出，除非兒童本身的創傷事件導致過動問題，不然使用遊戲治療與心理動力治療是不恰當的。

Authenticity　真誠／本真性

　　真誠／本真性，是存在主義治療中的重要概念。真誠/本真性是指個體真實的用自己的價值來生活，有成為自己的勇氣。即使在外界的壓力和干擾之下，依舊能夠忠於自己真實的個性和內在的精神特質的一種態度。存在主義治療的治療目的在於強調個體基於自由與責任，鼓起勇氣追求人生意義。例如在治療中，治療師運用真誠/本真性的概念，幫助個案真實地覺察自身存在的意義、探索個體案成為自己的勇氣，並基於自由與責任的基礎，協助個案忠於自己的價值來生活。

Autogenic Training　自我暗示訓練

　　自我暗示訓練是行為主義學派的技術之一。自我暗示訓練是指諮商師訓練個案經由對自己的暗示，學會控制自己的身體與想法，此種方式經常和放鬆訓練混合使用。

　　例如，當一位面對比賽會緊張而無法發揮平常實力的運動員，經晤談學會在比賽之前，先進行放鬆訓練後，在心情比較平靜時，暗示自己將比賽看成是「換一個場地做日常練習」的想法，達到讓自己降低緊張、發揮應有實力的目的。

Automatic Thought　自發思考（認知）

　　自發思考亦稱為自動化思考，是Beck認知治療理論的重要概念之一。自發思考是經由個體內在基本假設衍生出一連串自動反射性的內在對話，它監控並指導個體的行為，給自己稱讚或苛責，預測未來的行徑。自發思考的種類包括：隨意推論、選擇性的斷章取義、過度概括化、擴大或貶低亂貼標籤、極端化思考。自發思考常伴隨著情緒，但在自發思考中，個體認知扭曲是非常明顯的。

　　舉例而言，「別人的快樂是我的責任」這個內在基本信念衍生出一連串自動化思考，反應在與別人的相處上，如討好別人委屈自己而不自知，當別人不快樂時，個體就努力想要解決對方的情緒問題，陷入一種問題解決的自動化想法中，進而自動地承做一些會令對方快樂的事情。

Awareness　覺察（完形取向）

　　覺察是完形治療的諮商目標。覺察是指提高個體對環境、自己的理解與認識，接受如所是的自己，也對於環境有更多的接觸能力。覺察是個體改變人格的必備要素之一。當個體能夠提升對自己的覺察後，將會接納被否決的自己，從而擴大更多的選擇性，並且更具有彈性。

　　完形學派諮商師藉由此時此刻與當事人在我／你（I/Thou）這種真誠的關係中，協助當事人覺察自己的未竟事務，從中頓悟、接納自己、為自己的選擇負責，並且和他人有真誠的接觸，從而主動地以不同的眼光、知覺、行為去面對自己的問題。

　　例如一位被迫休無薪假的當事人沉溺在自己工作不穩定的痛苦中，諮商師協助當事人覺察，發現自己當初會進入這個行業，是受到家裡期待、社會價值觀的影響，自己在工作的歷程中，並不得心應手。當事人有了這個覺察後，進一步的重新看待無薪假的問題，認為危機就是轉機，因此利用這個階段做短期進修，逐步為轉換跑道做準備。諮商師協助當事人覺察，提高了當事人面對問題的彈性以及拓展更多的選擇。

Ⓑ 字母之解釋名詞

BASIC I.D.（模式）

　　BASIC I.D.是Lazarus多元模式治療的核心；Lazarus認為人格結構可區分為七大主要功能，治療師在開始實施多元模式治療時，必須先評量個體的七大模組評量：

1.B=行為（Behavior）：主要是指外顯行為，包括所有可觀察、測量的行動、習慣與反應。

2.A=情感反應（Affect）：指當事人情緒、心情、強烈的感受。

3.S=感覺（Sensation）：包含觸覺、味覺、視覺、聽覺等五種感覺。

4.I=形象（Image）：這個模組關係到人們如何描繪自己的形象，包含記憶、夢境與幻想。

5.C=認知（Cognition）：是關於構成個人基本價值觀、態度與信念的動察力、哲學觀、想法、意見、自我對話和判斷力。

6.I=人際關係（Interpersonal Relationship）：與他人互動有關的方式。

7.D=藥物或生物學（Drugs／Biology）：這個模組不只包含藥物，同時也考慮到個人飲食習慣和運動形態。

　　BASIC I.D.的理論本身，非常適用於評估個案的內在狀態，是一種折衷式的治療模式，諮商師可以透過七個主要評量方式完整看到個案的全面狀況，以利治療模式的選擇；如果是行為（B）的問題可用行為治療的方式，如果是情感反應（A）的議題，可考慮經驗取向的治療，像是完形治療。

Basic Mistake　基本謬誤（阿德勒）

　　基本謬誤是阿德勒學派的重要概念之一。基本謬誤是指一種有瑕疵的、自我挫敗的認知、態度與信念，該信念也許在某段時期頗為恰當，像是幼年，但往後就不再適合。而這個基本錯誤的迷思會影響日後人格的塑造。基本謬誤的類型包含五種面向：過度概論化、對安全的迫切需求、對生命需求的錯誤知覺、否認自己的價值、錯誤的價值觀等。不合實際的目標，容易招致失敗，會造成失敗時的自卑感。諮商師的主要功能是協助個案覺察自己本身的基本謬誤。例如，協助個案覺察誇大不切實際的目標，當個案說要在十天內完成碩士論文，諮商師要協助他（她）發現自己的目標是不合現實狀況，而訂定更合實際的目標。以便能在達成時，建立自己的自我信心，否則錯誤的目標只會導向失敗。

Basic Personality Inventory（簡稱BPI）　基本人格測驗

　　BPI適用於國中至成人之輔導工作，主要瞭解個人之人格特質；於職場中適用於人事職位篩檢；並用於醫療診所與諮商中心的人格評量與診斷。此量表共150題，為「是-否」作答方式，分成十個分量表及兩個作答態度量表，分量表分別為：（1）慮病vs.健康；（2）抑鬱vs.開朗；（3）人際問題vs.人際和諧；（4）迫害感vs.信任感；（5）焦慮vs.自在；（6）虛幻感vs.現實感；（7）衝動vs.穩健；（8）內向vs.外向；（9）自貶vs.自尊；（10）異常vs.正常。適用對象：七年級至成人；施測時間：30分鐘；施測方式：電腦閱卷、個別施測、團體施測。

Behavior Modification 行為矯正

不同於激進的行為主義學者將「自由」與「自我決定」排除於個體的行為之外，新一代的行為主義者認為藉由一些方法，可以擴展個體的自由度。其中，行為矯正的目的在於協助個案克服自身弱項的行為，提升人們面對問題時的因應技巧，使個體在面對問題時有更多的反應選項，從而擴展了原本沒有的行為可能性。

例如，一位面對孩子怕黑不敢關燈睡覺的媽媽，教孩子可以放手電筒在床頭櫃旁邊、點小夜燈、睡覺前大聲唱歌、和媽媽講話等方式去克服黑暗帶來的恐懼，最後孩子能夠不怕黑。由此可知，行為矯正具有增加個體行為自由廣度的功用。

Behavior Rehearsal 行為預演

行為預演是行為治療法所使用的技術之一，在不同的治療取向如心理劇、團體治療、遊戲治療與完形治療中也被廣泛的運用。行為預演係指在晤談中，諮商師與個案就未來可預期新的行動之前，先針對該活動進行「彩排」，並假設情境如何發生、討論可能碰到的困難與解決之道。例如，治療師協助一位受性侵要出庭的小孩，模擬法庭中的狀況，進行預演。行為預演的功用，有助於提升個案心理的準備度，讓個案更有信心和經驗面對未知的情境。

Belonging 隸屬（阿德勒；行為；現實）

隸屬是指個體對於所屬團體有歸屬感，也就是愛與被愛的感受，是一種天生的需求、驅力。藉由這個驅力的驅動，個體與個體間開始建立關係。在治療學派中，Adler學派強調個體藉由社會興趣參與社會

事務得到隸屬感，補償個體內在的自卑感；行為學派則認為個體藉由模仿學習重要他人得到隸屬感；現實行為學派則認為隸屬是個體基本心理需求之一，可藉由WDEP計畫來達成。

Bibliotherapy　讀書治療

　　讀書治療是女性主義及Adler學派常用的技術之一。讀書治療係指治療師和個案晤談後，針對個案的狀況，做出專業判斷，提供適合閱讀的書目，邀請個案閱讀。個案經由閱讀書籍，並與諮商師分享、討論閱讀內容與想法，從中學習特定處理技巧、增加知能、對己身問題擴展不同的視野，從而達到問題解決的目的。讀書治療的書目種類繁多，可以是散文文學作品、心理學、教科書、自傳、電影、小說、繪本等。

　　例如，一位受兩性相處困擾的男性個案，經諮商師介紹，閱讀兩性書籍，從中理解男女本質上的不同，進而更清楚女友行為背後所要傳達的意圖。

　　人在面對無法探索個人情感的個案中，讀書治療是非常好的一個介入的策略，實務上發現在理工背景的個案有很好的應用，特別是在從事大專輔導工作時，對象是理工學院的男性，讀書治療往往有很好的啟發效果，所以在理工學院男性為主的團體，以讀書會的形式是不錯的介入輔導模式。

Biofeedback　生理回饋

　　生理回饋主要應用在行為取向的治療中。生理回饋為一套治療程序、利用生理回饋儀的電子儀器精確地測量並處理生理訊息，並回饋給案主。回饋的訊息具有增強的性質，此種生理訊息反映了肌肉神經

或自律神經系統的正常或不正常活動。回饋訊息可以是聽覺或視覺的訊號，經由生理回饋的專業人員幫助當事人增進察覺與控制自主的生理活動。例如：指溫、血壓、呼吸量、肌肉緊張度、汗腺分泌、腦波等。初期協助案主控制外在的生理訊號，然後進而轉化成針對內在的生理心理線索來自我調整，達到個人放鬆或自我控制調整的結果。

Boundary　界線（家族）

　　界線是家族治療學派重要的概念之一。家庭是由系統所組合而成的，通常包含夫妻、父母、手足等不同次系統。而界線是指一條看不見的線將家庭中每個次系統與成員間分開，其功用是保護系統的完整性，也就是提供在系統內不同部分間的屏障，它掌控著每個成員與其他人之間的接觸量。比如說，父母系統和子女系統間就有一條界線。

　　若將界線比喻成連續光譜，則光譜的一端是堅固不變的界線，而另一端是完全開放的界線。光譜的中央則是健康的邊界，此時家中成員的互動較具有彈性，而使得個體能同時擁有互動中的統合感與隸屬感；界線在家庭中具有不同的型態，比較常見的是僵化和鬆散。

　　「僵化」是指家庭界線過度限制、缺乏彈性。堅固不變邊界在家庭子系統之間，以及與家庭之外的子系統間，常會築起一道道不能跨越的障礙，例如代溝的存在，使得父母與子女間無法彼此瞭解，在此歷程中，個體或子系統變得孤立，對外關係惡化，成為一種與社會系統疏離的疏離狀態；「鬆散」是指家庭界線過度模糊，家人彼此的生活圈相互糾結。例如父母對子女的過度保護，使子女太過依賴而難以和家庭外的人們建立關係，如此一來，父母及子女都失去了獨立性。

Bullying　霸凌

　　霸凌的處理是學校輔導工作的重要項目，霸凌是一種長期處於校園間的現象，係指學生間惡意欺負的情形。霸凌是指校園中學生長時間重複被個別或群體學生蓄意且具傷害性的欺凌或騷擾，為校園暴力的類型之一。校園內霸凌行為類別有「肢體霸凌」、「語言霸凌」、「關係霸凌」、「性霸凌」、「反擊型霸凌」等類型，依據霸凌對象，計有下列三種類型兒童：

1.霸凌兒童：係指校園內的施暴者。

2.受凌兒童：係指校園暴力下的受害兒童。

3.旁觀兒童：係指直接或間接目睹校園暴力發生的兒童。

　　校園內霸凌現象的產生，多和兒童「家庭因素」、「個人因素」、「學校環境因素」有關，輔導老師在處理學校霸凌事件中的兒童，需依據學童特性與事件加以處理。例如，輔導老師和霸凌兒童進行諮商時，可以協助兒童學習以理性的方式處理事情，並學習控制自己的情緒，找尋適合自己的情緒抒發管道。

C 字母之解釋名詞

Card Sort　職業組合卡

　　職業組合卡是依據Kelley個人建構理論所發展出來的測驗，用來協助個體評量自己內在對職業世界之知識結構。職業組合卡中每一張卡片即代表一種行業，諮商師邀請個案依據自己內在認知，將性質相同的職業歸為一類，並記錄個案對該職業背後的認知信念，藉此瞭解個案對於職業的認知結構為何，以協助個案歸納、區分和統整不同的職業知識。

　　例如，小美在諮商歷程中，依據自己的認知，將「幼稚園教師」、「諮商師」、「客服人員」等職業歸為一類，經諮商師的協助，覺知其對職業背後的信念為「與人接觸」、「協助個體解決問題」、「具教育性質」等認知。

　　在臺灣有Baby Boss的職業商店，讓小朋友透過在商店內的學習，建構自己的職業觀點，也可說是Kelley理論的兒童職業教育應用。

Career Autobiography　生涯自傳

　　生涯自傳是諮商師用來協助個案覺察自己在生涯上如何做出抉擇時的技術之一。諮商師邀請當事人根據自身的經驗，回溯過去不同階段的生涯事件，將生涯事件中發生的事情記錄下來，並依照個案個人喜歡強度排列出最喜歡做的事和最不喜歡做的事，重新體驗自己在這些生涯事件中對該事件的信念、自己的看法、做抉擇時的考量、抉擇後的感受與經歷，並比較不同階段的生涯事件，看看信念上是否有不

同的轉變。其目的是協助個案經由重溫過去的生涯抉擇，更清楚自己在生涯上的信念。

例如，當事人記錄自己曾經當過「保險員」、「美髮師」、「房屋仲介員」、「總機」等工作，經諮商師協助探討其生涯抉擇時的信念，當事人看到自己在做生涯抉擇時，背後的信念在於該份工作是否具有足夠的薪水保障、完整的升遷制度與機會、工作的專業性與自己是否具備職場競爭力。

Career Barriers　生涯阻隔因素

生涯阻隔因素係指干擾個體朝向自己生涯方向前進所有元素，生涯阻隔因素的特性在於具有極大的個別差異，並且依據不同發展階段、生命事件、現實生活環境變動而有所變化。諮商師若能依據「生涯資訊」、「自我瞭解」、「環境因素」、「生涯規劃」等四面向，在諮商初期設計周詳的生涯困擾檢核表，協助當事人覺知阻隔自己生涯的因素，將有助於當事人瞭解自己在生涯上碰到的問題，此舉亦有助於生涯諮商的進行。

例如，諮商師協助大四的當事人發現阻隔自己朝向漫畫家的生涯阻隔因素在於「環境因素」上，家人對該職業的穩定與保障上的擔憂、「生涯資訊」上擔憂現有就業市場窄小等因素。藉由這些覺知，當事人與諮商師可以更具彈性的討論是否一味投入漫畫家的生涯行列，或是利用假日、業餘時間當漫畫家的助手，從短、中、長期規劃自己在漫畫生涯上的發展。

Career Belief Inventory　生涯信念量表

　生涯信念量表為Krumboltz在1980年代所發展出來的量表，其目

的是測量個體在思考面對生涯準備有所行動時，對於該生涯行動的後設認知。生涯信念量表分類出25類的生涯信念，並將之區分為五大類別，分別是：「我目前生涯狀況」、「我的快樂來源」、「影響生涯決定因素」、「我願意做的改變」、「改變的第一步」等。

　　生涯信念量表在諮商歷程中的應用，有助於個體覺察自己的生涯信念如何影響自己在生涯歷程中的行動，以及所欲達成的生涯目標。例如，諮商師協助當事人發現自己內在有「穩定」信念的需求，因此準備公務員、郵政特考等考試。

Career Cards　生涯卡

　　由黃士鈞博士研發設計，共66張卡片，由健康卡片發明家出版。為「澄清型」牌卡，每一張卡片都是一種生涯價值。原名「價值澄清卡」的生涯卡，主要功能是讓使用者檢視自己目前的生涯選擇是否符合自己的核心價值觀。同時，生涯卡也能幫助使用者在規劃未來時，能選擇對自己更有意義、更有價值的人生方向。本卡片的內容設計是以成人（大學生以上）為對象，國中或國小學生建議使用青少年版生涯卡，高中生則可視學生屬性與成熟度決定要用哪一種。適用於個別諮商及團體諮商。

Career Decided　生涯已決定者

　　「生涯已決定者」係用來形容在生涯歷程中，已經解決自己所面對到的生涯問題者。生涯已決定者通常對於自己的能力與興趣有清楚的認識，對於生涯相關資訊（如就業市場、升遷機會）已做了廣泛的蒐集與研究，同時納入重要他人的考量，經評估後，選擇了自己想要前進的生涯路徑。

在面對生涯已決定者之當事人，諮商師可以協助其檢核該生涯決定之正確性、規劃達成目標的具體步驟。例如，諮商師協助已經決定要從事諮商師執業之非相關科系的大四學生，協助當事人規劃到他校旁聽相關課程、組織讀書會、評估是否補習、規劃讀書計畫等具體步驟，協助其準備考取研究所。

Career Differentiation Grid 　生涯區分量表

生涯區分量表是諮商師用來協助當事人評量自己的生涯建構的方式之一。生涯區分量表由Bodden所設計，內容包括十二個標準化的職業名稱與十二個兩極生涯建構所形成的12*12矩陣，當事人依據其對自己的重要性採七點量表評分，簡要模擬3*3矩陣如下所示：

小學老師	農夫	工程師		
			教育程度高	教育程度低
			工作時間長	工作時間短
			收入高	收入低

由表中可見職業與生涯建構皆固定，當事人僅需在空格中填入自己重視程度的分數即可。生涯區分量表的優點在於標準化的設計，有益於大量施測以及進行不同母群體間的比較，然其限制在於無法呈現出個人對於職業的獨特建構。因此，後現代主義或是敘事取向的生涯諮商師，則較多採用個人建構的觀點，發展出個人生涯建構量表，也就是由當事人自己先自行填入所重視之職業、思考該職業相關生涯建構，並依據七點量表填入重視分數加以比較。

Career Education　生涯教育

　　生涯教育是教育哲學的類別之一,生涯教育是指教師將生涯相關知識,如生涯認識、生涯探索、價值澄清、生涯準備等概念,融合於教學歷程中,協助個體對學習生涯相關知識,並對於自己的生涯有所準備。在各級學校中,生涯教育是輔導中重要的一環,其目的在於協助個體認識自己的興趣、能力,學習從不同管道蒐集相關生涯資訊並學習做決策。

　　例如,學校舉辦「模擬面試」,協助即將投入職場的畢業生撰寫履歷、提供模擬面試的機會。

Career Grid　生涯方格

　　依據個人建構論的基礎下,生涯方格改良了生涯區分量表的標準化方式,由當事人在10*10的矩陣中自行寫下自己所欲投入的職業名稱、生涯建構,並將七點量尺改為三點量尺,同時增加對建構重視度的等級評定,簡要模擬3*3矩陣如下所示:

1	3	2		
小學老師	建築師	藝人		
			生涯建構	對建構重視度之等級
2	3	1	收入高	1
3	2	1	工作滿意度	3
1	2	3	創意性	2

　　由表可知當事人在生涯相關建構上,「收入高」是當事人最主要的建構。

Career Group Counseling　生涯團體諮商

　　生涯團體包括「生涯團體諮商」與「生涯團體輔導」等兩個類型。其中，生涯團體諮商包括「結構性團體」及「非結構性團體」，團體人數約在八至十二人左右，諮商師催化成員針對不同主題進行情緒、經驗的交流，藉由團體成員彼此互動，得到知識與經驗的成長。一般常見生涯諮商團體計有：

1. 生涯探索團體：目的協助個體瞭解自己、工作世界、生涯規劃與決定的技術。
2. 生涯決定團體：大致和生涯探索團體相同，特別強調成員學習如何確定問題、蒐集資料、激發解決方案、評估決定等。
3. 生涯資訊團體：強調學習蒐集生涯資訊、對資訊進行評估、增進成員在生涯上的決定。
4. 生涯安置團體：主要目的在於協助成員順利進入工作世界。
5. 生涯適應團體：主要目的在於協助已在工作世界中的成員適應工作情境。

Career Group Guidance　生涯團體輔導

　　生涯團體包括「生涯團體諮商」與「生涯團體輔導」等兩個類型。其中，生涯團體輔導人數較多，主題多由領導者決定，以單向溝通的方式傳遞工作世界的知識及相關訊息。例如，學校舉辦「教師甄試」的團體，由輔導老師傳遞教師甄試相關的考試項目、準備方向等訊息。

Career Indecisiveness　生涯猶豫者

　　生涯猶豫者是生涯未決定的狀態之一。生涯猶豫者係指對於自己未來生涯目標、生涯行動仍感到迷惑的個體。生涯猶豫者通常對自己、職業知識、處理訊息等面向有一定的認識與能力，但生涯猶豫者由於缺乏「信心」，不相信自己能夠解決生涯所遇到的問題，因而產生躊躇不前的猶豫現象。通常個體對於自己的生涯產生猶豫背後的原因，可以大致歸類為「人格狀態」、「對生涯相關的錯誤後設認知」、「家庭系統」等。

　　生涯諮商師在協助生涯猶豫的當事人，可以藉由周詳的生涯困擾檢核表檢核當事人在生涯上的阻隔因素，從而訂立生涯目標。例如，諮商師協助生涯猶豫者看到自己受父母「男生要當醫師、女生要當教師」的信念影響，讓自己猶豫於是否要朝自己喜歡的餐飲業發展。

Career Information System　生涯資訊系統

　　生涯資訊系統是一種協助當事人聚焦未來職業或升學抉擇，確定未來方向的一項電腦資訊檢索系統。生涯資訊系統的使用程序包含下列三個歷程：

1.電腦中有一套結構、系統性跟職業、生涯、升學相關的問題題組，受試者依據題目回答相關問題。
2.回答完問題後，電腦自動進行計分，從資料庫中挑選出相關的職業、科系。
3.電腦根據所挑選的職業、科系，進一步說明該職業、科系的相關內容、所需教育訓練與就業市場現象。

　　生涯諮商師可藉由生涯資訊系統的輔助，協助個案思考、澄清電腦所呈現的相關資訊與自身的契合度，並進一步設立具體的生涯行動步驟，藉以達成自己的生涯目標。

Career Interest Inventory（簡稱CII） 生涯興趣量表

生涯興趣量表以J.Holland（1995）理論中六個類型參考架構來編製，分別為：實際型（Realistic）、研究型（Investigative）、藝術型（Artistic）、社會型（Social）、企業型（Enterprising）及傳統型（Conventional）。此量表協助受測者瞭解適合自己的工作類型。個體通常具備多種興趣或特質，但某一種會特別強或突出。假如個體比較偏向某一類型，則他對於在六角形中與該類型相鄰的興趣，通常大過於與其相對的興趣，主要可用ASI三種代碼或AS兩種來代表其興趣組型。

Career Maturity 生涯成熟

生涯成熟係指個體對自己的興趣、能力有足夠的認識，對職業世界有充分的瞭解，具有蒐集資訊與決策的能力，同時將重要他人的考量納入考慮與評估，最後對自己的生涯能夠獨立、負責的做決定。並在邁向生涯目標的歷程中，具有彈性、調整的能力者。通常生涯成熟是生涯諮商師的諮商目標之一。

Career Myths 生涯迷思

生涯迷思是指阻礙個體在生涯決定與行動時的非理性信念，生涯迷思的相關信念形成受社會文化、重要他人（如父母）、個體成長背景脈絡影響。例如，「我一定不能選錯行業」、「我在工作上的投入必須要有等值上的回報」等工作價值觀，就是生涯迷思的信念。

在諮商歷程中，諮商師藉由諮商技術協助當事人覺察自己的生涯迷思對於自己在生涯決定時所造成的阻礙，進而調整非理性的生涯迷思。例如，協助當事人覺察自己無法找到工作背後的生涯迷思為「我

一定不能選錯行業」，經過探討此信念的影響後，調整為「我從工作中認識自己適合的行業」。藉由這樣的方式，協助當事人更勇敢的去嘗試丟履歷、找工作，並從做中學，往自己理想的行業靠近。

Career Self-Efficacy　生涯自我效能

　　生涯自我效能是將Bandura的「自我效能理論」應用在生涯上面。所謂生涯自我效能是指自己相信自己在生涯上能夠具有明確的選擇與判斷，從而達到預期的生涯目標。生涯自我效能是指個體對自己生涯選擇朝向哪一個方向發展及適應未來變化的預期判斷，也就是對自己未來生涯發展能否順利、表現良好的信心。生涯自我效能受到「過去的表現成就」、「替代經驗」、「口語說服」及「生理激發」等四個主要機制影響，從而影響個人對未來生涯的適應。此影響會導致，包括「趨避選擇」、「行為表現」及「持續力」等三個主要影響結果。

　　例如，某學生過去在心理學的學業表現成就不錯，他也欣賞以前系上教心理學的老師，加上父母親口頭上鼓勵他可以多往心理學發展，而且他也覺得唸心理學可以帶給他諸多快樂及滿足，因此，他畢業後，認為自己在心理學的未來生涯，一定有不錯的展望，生涯自我效能很高，便在畢業後，繼續唸研究所，一直攻讀到博士。

Career Shadowing　生涯影子

　　生涯影子是蒐集職業相關資訊的技術之一，其方式類似田野研究的精神，由個體跟著某特定工作角色，就近密集觀察其工作內容，其目的是協助個體對於該職位的工作性質有更完整的認識。例如，醫療體系對於護士的養成，在學期間，學校會依據不同年級而有不同的見習、實習之要求，其目的便是協助學生從實務場中對護士的工作性質

有更具體、清楚的認識。

Career Therapy　生涯諮商

　　生涯諮商是諮商師結合心理學與諮商理論的方式，協助有生涯困擾的個案自我覺察，進而有一個個體可以接受的生涯抉擇、生涯發展。在生涯諮商的歷程中，諮商師可藉由測驗如生涯興趣量表協助個案瞭解自己的興趣，一方面也讓個案經由網路、與長輩訪談等方式瞭解現在職場脈動，藉由這兩方面雙管齊下，協助個案規劃短、中、長期的生涯目標。

　　例如，諮商師協助一位大四的個案，經由自我探索發現自己真正的興趣是繪畫，想要朝向商業設計發展。諮商師協助個案規劃五年的生涯歷程，短期於大學時期到廣告公司打工、中期學習繪圖軟體並取得證照、長期成為一位廣告設計師。

Career Undecided　生涯未決定者

　　生涯未決定者是指還沒有具體承諾自己未來的生涯選擇之個體。生涯未決定者可能有下列兩種情況：

1.探索性的未定向：個體因為缺乏對自己興趣與能力之瞭解，以及對於就業資訊瞭解的不完善，因而無法具體承諾自己未來生涯選擇。

2.多重選擇的未定向：由於個體本身多才多藝，具備多種才能而遲遲無法承諾自己未來的生涯選擇者。

　　諮商師面對生涯未決定者，需依據個體不同狀態而給予適合的諮商協助，像對於探索性的未定向之當事人，宜藉由興趣量表、蒐集職業資訊等方式，協助其增加對自我與職業環境的認識；對於多重選擇的未定向之當事人，宜鼓勵其排列自己興趣上的優先順序，嘗試相關

職業，藉以蒐集更多自己在職場中的各類資訊。

Case Conceptualization　個案概念化

個案概念化是指和個案工作時的重要概念，從個案所提供的訊息、諮商歷程所遇到的事情，像是憂鬱方式、焦慮的表現、遲到、請假等資訊形成對個案內在行為模式的假設，其目的在於協助諮商師依據這個假設，設定諮商方向與目標。個案概念化的方式一般以DSM-IV的五軸診斷為參考，並依據諮商師所屬學派不同而有所差異。個案概念化就是不同理論對個案問題的看法和詮釋，也是和個案工作時內在所依循的地圖。

CBC　生涯信念檢核表

以「職業觀念問卷」蒐集國內大學生之生涯決定信念所編制而成，具有本土化的特質與價值，協助個人瞭解其態度信念與覺察重要的生涯決定因素。施測目的包括了幫助個人瞭解自己的生涯信念與態度；協助治療者、諮商者等專業人員瞭解受測者的生涯發展與生涯決定，並釐清與克服生涯迷思與不適應的信念。

測驗量尺部分，一共72題，採用四點量尺進行自我評量。此量表將六大類生涯信念分成20個分量尺：自我價值、彈性與變化、面子主義、工作決定審慎、生涯自我效能、工作嘗試、外在取向、逃避傾向、測驗／專家取向、工作本身之價值、生涯重心、自我主張、規劃萬能／專業至上、自由傾向、遷居／開放意願、順從意願、工作萬能、角色刻板印象、性別刻板印象、控制企圖為建構之本土化量尺。測驗適用對象：大專、高中職、一般成人；施測時間：約15～20分鐘；施測方式：紙筆測驗、個別測驗、團體測驗。

Cherish Card　珍愛卡

　　由陳盈君設計、左西人文空間出版，共有48張卡。為「投射型」的卡片、應用主題為自我探索。名稱取名為「珍愛」是因為卡片的內容引導適用者重新回顧、肯定並珍視過去所發生的故事與經歷。這組排卡分成兩部分：一組是問題卡；另外一組是恩典卡。卡片內容簡易並與生活息息相關，為適合青少年與成年人使用的繪本敘事媒材，並且對於輔導、諮商、助人工作者而言是容易上手的工具，適用於個人及團體。

Child in Abusing　目睹兒童

　　目睹兒童是指兒童目睹侵犯、暴力等事件發生，但本身生理上沒有遭受到相同對待的孩童，例如孩子看到父親毆打母親的過程，但父親並未毆打小孩。目睹兒童可能會出現低自尊、問題行為、憂鬱等與受暴、受虐兒童相同的反應，有時長大後也可能成為施暴者，或是害怕自己會成為受害者而終日惶惶不安，出現精神異常症狀。常見的症狀有焦慮或無力感，這些感覺有時候會持續到成年。

Choice Theory　抉擇理論

　　抉擇理論是現實學派Glasser用來說明面對外在事件的個體如何抉擇適當的行為。抉擇理論是Glasser繼1970年代現實理論和1980年代控制理論之後，在1990年代所提出的最新理論。現實學派認為人類大腦的運作系統可以分為「感官系統」、「知覺系統」、「優質世界」、「比較區」。當個體經由感官與知覺系統接受外界刺激並且過濾後，這些刺激會進入個體內在的比較區，經由評估事件的利弊得失以及和腦海中「優質世界」的差異後，對於此事件做出抉擇並展現出外顯行

為。

例如，當一位國三學生參與學測，感官與知覺系統接受到第一次考試的成績，經過內在與自己學業程度的比較、考試當天狀況的比較、自己優質世界中對學測成績的想法與所欲就讀的高中後，決定參與第二次的學測，並付諸於準備的行動，這種選擇的過程是抉擇理論的核心。

Circulation Questions　循環式問句

循環式問句是家族治療取向常用的技巧之一，也應用在敘事治療法當中的概念。Epston和White將循環式問句運用於引導個案從「例外」的面向看待原先困擾自己的問題，並運用循環式問句的方法，引導個案從「相反故事」發展到「問題解決故事」的一系列問句。例如，諮商師詢問個案：「當你的生活變好的時候，有誰會知道？」「如果你知道，你覺得做些什麼，會讓這個變好的過程產生？」此外，在家族治療取向中，透過詢問「你先生怎麼想這件事？」使太太可以去探問先生的意見，達到一個問句可以循環下去，造成促進家人彼此間溝通進行的本意。

Clarification　澄清

有時在諮商的過程中，因為當事人處於強烈困擾之中而使得他的言談與思考不夠清楚明確。此時諮商師運用澄清的技術，將當事人所說的或想說的零碎資料連貫起來，把當事人模糊的、隱含的而且未能明白表達的想法與感覺說出，使兩人的溝通能更順利而深入。

例如，諮商師從個案零亂的敘述中，協助個案澄清自己對事件的認知、行為、情緒。

Classical Conditioning　古典制約

行為主義學派經由強化狗與制約刺激的連結如鈴聲，當鈴聲響後，出現食物，幾次強化後當狗聽到鈴聲，便會分泌唾液的實驗中，將此研究結果延伸至人類行為，主張個體某些行為反應是由「被動」的機制所引發的，例如當東西碰到膝蓋時會產生的膝反射的現象，這種狀況持續操作強化下，最後形成東西出現，反射動作就出現的現象。

Cognitive Behavior Modification（簡稱CBM）　認知行為治療法

認知行為治療法的代表人物為Meichenbaum。認知行為治療法認為當個案注意到自己在行為時的「後設認知」，也就是自己的所思、所感，及行為對他人的影響時，便能夠改變自己的行為。因此，認知行為治療法的治療師協助個案去覺察自己行為背後的「自我內在語言」（Self Dialogue），並協助個案對於不適當的認知進行「認知重建」（Congnition Reconstruct），以協助個案中斷自己不適當的內在思考腳本，進一步用有效的認知對話取代，以達到行為改變的結果。

Cognitive-Behavioral Therapy　認知行為治療

認知行為治療是強調認知對行為影響的觀點下所發展出來的治療理論，是行動治療取向中的學派之一。認知行為治療學派的基本假設認為個體的情緒來自於自己的信念、對生活情境的解釋與評價，強調認知對個體的影響。認知行為治療學派認為個體雖然有自我實現與自我成長的潛能，但由於受到內在信念、自我對話、自我挫敗模式的影響，將導致個體產生困擾。

諮商師的主要功能，在於協助當事人覺察自己的信念是如何受到

成人教導、自己創造與自我不斷重複（Self-repetition）而來，進一步藉由各種改變認知的方式，學習以有效、較正確的信念來取代無效的思考模式，從而產生新的感受，讓個體能夠有能力解決目前、未來的問題。

Cognitive Distortion　認知扭曲（認知治療）

認知扭曲是認知行為治療的重要假設之一。所謂認知扭曲是推理上的系統性誤差顯現在心理困擾非常明顯。其中包括：

1.獨斷的推論：在缺乏支持的證據或甚至面對相反的證據之際仍驟下定論。

2.選擇性的抽象推理：指斷章取義地只根據整件事情的單一細節來下結論。

3.過度類化：從單一或幾個獨立事件抽取出一個通則後，然後濫用這個通則，甚至應用在不相干的情境中。

4.放大和縮小：把事情看得遠比實際情況更嚴重或更不嚴重。

5.個人化：即使沒有任何證據支持事件和自己本身的因果連結下，就把外在事件歸因到自己身上。

6.二分法的思考：把經驗分類為兩個極端之一，以全然的成功或是全然的徹底失敗這兩個角度來思考事情的結果。

認知扭曲是諮商與治療時，個案會表現出來的狀況，也是認知與行為改變的工作重點。

Cognitive Map　認知圖

認知圖為認知治療的概念之一。認知治療學派認為個體的行為背後都有其思考，而認知圖便是這些思考的「總集合」。如同個體行動

背後腦海中的地圖一般。

透過樹枝狀的認知圖，可以清楚瞭解個體的思考脈絡與系統，有助於對個案的瞭解。

Cognitive Restructuring　認知重建

Meichenbaum的認知行為治療法認為個體的困擾來自於不適當的思考結果，因此諮商師藉由「認知重建」來協助當事人改變對自我的不適當陳述。「認知重建」係指個體能夠評估自己在各種情境中的行為，並阻斷影響行為的不適當信念。例如，在諮商師的協助下，協助個案評估自己在不同情境下的表現、影響表現的想法、認知，從中發現自己內在的負面認知有「我的能力不足，做任何事情一定都會失敗」的不適當信念，並進而重建「只要我用對方法、努力對方向，就會有收穫」的認知。

Cognitive Therapy　認知治療

認知治療取向的諮商學派，計有「現實治療」、「行為治療」、「理情行為治療」、「認知治療」等。其中，認知治療主要是以「思考」為治療的核心。認知治療者認為個體之所以感到困擾，是因為其自動化的非理性、扭曲思考造成，因此藉由幫助人們修正一些思考的謬誤與自我挫敗的認知假設，形成較理性的人性觀為其治療的方式。

Cognitive Triad　認知三角組合

認知組合被Beck認為是憂鬱症的特徵，是指憂鬱症患者對有關

「自我」本身的事情與想法、對「世界」的組成與看法，及對「未來」常抱持著一種負向的觀點，並認為自己行為是不恰當的、被拋棄的、沒有價值的，這就稱為憂鬱三角。這種負向的觀點在他們的想法中顯而易見。Beck認為這三種負向的認知組合所造成的不良適應信念是導致憂鬱的重要原因，該自動化思考會形成認知扭曲，不斷地阻擾個體，讓個案處於憂鬱的狀況。

例如憂鬱的個案會覺得自己沒有價值，世界上的人都不互相幫忙，自己的未來一定找不到工作，這些關於個人、世界和未來的負面想法會使個案處於一種負向思考的憂鬱狀態。

Collaborative Empiricism 合作經驗療法

合作經驗療法是Beck認知治療法中用來檢驗諮商師運用蘇格拉底式對話，協助當事人覺察個人的信念後，諮商師和當事人共同檢驗該認知信念的正確性以及對自己生活影響程度。

Collaborative Therapy 合作治療法

合作取向治療是後現代治療趨勢的其中一個理論，和敘事治療、焦點解決諮商並列為後現代心理治療三大理論。合作取向治療又稱為對話治療，重視語言的作用。在此取向中，語言、對話和人際關係是治療核心。合作心理治療對語言的應用偏重於三個層面：宣洩、表

達、解釋。從主體與客體的角度，這些方式的主要目的在於通過語言來探近某個對象或意義，進一步對當事人產生影響和改變。而在治療中，當案主敘述一件事情時，治療師關注的重點在於其背後的意義和對案主個人及關係的影響。

Collective Unconscious　集體潛意識（分析心理治療）

集體潛意識是Jung學派的重要觀念之一。Jung認為集體潛意識是「千萬年來未被說出之祖先經驗的儲藏所」；集體潛意識是Jung對於由全人類所共享之廣大而隱藏的心靈資源的統稱。Jung是從病人的談話、自我分析，以及跨文化的研究當中發現集體潛意識的。在集體潛意識中浮現的內涵是由全人類所共享，但受個人經驗的修正，Jung稱這些主題為原型影像，且將集體潛意識描述為組織成為人類心靈基礎的型態。

集體潛意識是來自我們所有祖先的共同經驗，基本上每個人擁有的內容都是相似的，它提供我們一種先驗的稟賦（Predispositions）使我們以一種特定的方式對世界做反應，它同時是人格結構的種族基礎，一個人的自我、個人潛意識及其他特質，都是由它延伸出來的。

College Students' Check List　大學生心理適應調查表

本量表為陳李綢教授以Erikson的心理社會論為基礎，參考Chickering及Sternberg等研究為架構，將1995年自編的「大學生生活適應量表」加以修訂而成。測驗目的為瞭解大學生的適應問題與困難所在；評估與診斷大學生心理適應問題。

共計108題，可測出六個適應力指標：（1）問題解決及決策力：個人解決問題的能力與智慧；認識問題、面對問題、解決問題的分析

能力與行動力。（2）家庭及人際關係：和諧社會適應與社交能力；與親人、朋友融洽相處，有效溝通的能力。（3）個人自信及勝任力：個人對自己學習、領導、運動等技能的勝任感。（4）學習適應力：個人對學習環境的適應狀況及學習策略的運用情形。（5）情緒適應力：個人面對親子關係、外在期待、壓力時的情緒反應。（6）價值判斷力：個人對自我價值觀的明確程度。適用對象：大一至大四；施測時間：25～30分鐘；施測方式：個別施測、團體施測，本量表適合做為大學生身心狀況瞭解之用，可以用於篩選需要介入之學生。

Colorpuncture　彩光針灸

　　彩光針灸是屬於另類療法和自然療法的一種方式，最早是由德國的彼得‧曼戴爾博士所發展出來。他注意到中國和蘇俄科學家已經能示範針灸學的經絡確實會有能量上的顯現。另一方面，他同時也受到德國生物物理學家波普博士（Dr. Fritz Albert Popp）的影響。

　　波普展示出所有的細胞都是透過光來溝通的。所有的細胞都不斷在發放並吸收微量的光的電磁輻射，稱為生物光子。一個正常細胞所發出的光度相當於25公里外一燭光所傳來的光度。波普博士形容有一種光持續不斷地在人體周圍彩動著（相當於神秘學所謂的氣場或光場），而且，當一個細胞受到某種干擾時，細胞周圍的光的振動也會變得不和諧。這不和諧的光也會嚴重影響到鄰近細胞的振動模式。

　　傳統的針灸是將針扎入中國傳統中醫的穴點，這種治療比較具有侵入性，彩光針灸則是用光筆照射中國傳統中醫的穴點，是將顏色所攜帶的訊息藉由光筆照射到穴位上，以調整細胞所發出微弱能量的生物光子，而取得身心平衡的一種治療技術，是一種無痛非侵入式的治療，共有基本色紅色、橙色、黃色、綠色、藍綠色、藍色、紫色，以及粉紅色、淺藍綠色、灰色等進階顏色。

彩光針灸透過中國傳統醫學的針灸穴位將有色光傳送進入經絡系統。和針灸類似，彩光針灸認為透過經絡系統來平衡能量之流能促進健康，不同的只是針灸用針來介入症狀，以創造平衡的狀態，而彩光針灸是運用有色光不同的頻率，將光的訊息傳入人體以達到相同的效果，因此它可說是提供了一種嶄新並且獨特的治療層面。它與傳統中醫針灸不同的地方在於，針灸能處理到身體症狀的部分，而彩光針灸在臨床應用上可以觸及到心理及靈性的部分。

彩光針灸所運用的穴點都是取自傳統的針灸穴點，一部分來自像足底反射等的全息律系統或是機體動力學（Kinesidogy），另外也有曼戴爾在臨床治療中所發現的新穴點。每種有色光都有不同的波長或頻率，並且將不同的光波振動送入能量系統。當有色光接觸到皮膚，就被詮釋成脈衝，以光速沿著經絡系統進入相關對應系統。

彩光針灸的臨床應用裡有多種治療選擇；包括解除壓力、促進放鬆的療法、毒素排除療法—釋放累積在身體裡的毒素，或是在慢性期重新建立能量的療法，另外還有針對不同器官的功能圈療法。這些生理層面的治療可以將人的能量系統準備好，以進入更高層次的治療，這樣能量體的個人才能接收更高層次的訊息進來。之後，更進一步的延伸用來清理來自子宮期、童年、前世的創傷所造成的能量堵塞，並且幫助受治療者接近有關個人人生使命的訊息。

在德國的彩光針灸治療已經成為自然療法的法定療程，可以健保給付。

Compensation　補償作用

「補償作用」是精神分析學派對於個體在焦慮時所使用的防衛機轉之一。補償作用之功能是自己覺知到自己內在的弱點，並經由加以偽裝或是發展出可以彌補自身缺陷的正向特質來因應，此舉具有協助

個體朝向適應的價值。例如，一位因為意外被截去雙手的人，發展以口代手的繪畫能力，彌補無法用手拿筆繪畫的缺陷。

Complementary 　互補型溝通

　　Berne所創立溝通分析法中，Berne認為個體內在均有父母（Parent）、成人（Adult）、兒童（Child）等三個獨立的自我狀態，即由P、A、C三個自我組成一個個體。Bern更進一步將個體與他人間的溝通類型分成「互補型」、「交錯型」、「曖昧型」等三個類型。

　　其中互補型溝通是指雙方溝通是開放、相互平行的，雙方皆用對方所期待的方式去反應，因此兩人的溝通可以不斷地交流，是一種可以你來我往的互動模式。如P→C而C→P、或A→A、A→A。依P、A、C排列的不同，共會有九種互補溝通之情形。例如，先生與妻子兩個人皆用A討論週末的出遊計畫。如圖：

　　先生說：妳想去兩天或一天？
　　妻子回答：兩天比較好。
　　這樣的溝通是成人對成人的互補溝通。

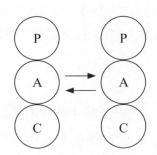

Complicated Grief 　複雜性悲傷

　　複雜性悲傷是悲傷治療的重要概念之一。複雜性悲傷是悲傷的類型之一。複雜性悲傷是指引起悲傷的因素並非單一事件、發生也不在預期之內，特別在意外性的死亡事件中容易出現，因為這些預期之外的創傷事件往往帶給與死者相關的重要他人更多承接意外的失落與創傷。例如，面對先生意外死亡的妻子，除了哀傷，還有對老天的憤

怒、對小孩失去父親的不捨。此外，複雜性悲傷有時也受社會、文化、個體環境脈絡的影響，例如，在中國文化的脈絡中，白髮人不能送黑髮人、不能哭，這些文化脈絡容易讓個體內心的悲傷無法被常態性的表達與哀悼，使個體經歷哀傷復原的歷程更艱難。複雜性悲傷的類型包括「多重失落的悲傷」、「未竟事物的悲傷」、「創傷性悲傷」、「被剝奪悲傷權力的悲傷」。

Concrete　具體

用具體的詞彙來協助當事人討論他所表達的感覺、經驗或行為，並針對特定的方向探索，而不是漫無目的的談話。諮商師可能要求當事人說出與問題有關聯的特定感覺或特定經驗或特定行為。用到「具體」的時機：

1.刪除：當事人省略或刪掉某部分的內容。

2.扭曲：當事人誤解或弄錯了他人的意思。

3.概括化：當事人將很多事和某一件事聯想在一起或解釋成同一意思。

Confrontation　面質

面質是基本諮商技巧之一，面質是諮商師基於對當事人的感覺，經驗與行為上深刻的瞭解之後所做的反應。指諮商師負責任的指出當事人行為中矛盾、歪曲及逃避的部分，主要是指出不一致的情況，協助當事人瞭解其自我破壞的行為以及未曾善加利用的資源。面質的使用時機：

1.指出當事人困擾是來自矛盾或歪曲。

2.指出當事人困擾是來自現實與理想的差距。

3.指出當事人困擾是來自某一種觀點，同時諮商師提供當事人另一觀

點。

4.指出當事人逃避，不願面對現實之處或把責任推給別人的地方。

5.把戲、詭計或煙幕。

其次，諮商師在使用面質的態度有以下的四個方式：

1.秉持高度同理心：如此才能進入問題核心。

2.用假設語氣進行：如此才能降低防衛和抗拒。

3.用一種投入的態度：如此才能引導當事人用認真的態度面對。

4.用漸進的方法：超過當事人理解範圍太多時，當事人不易領悟。

Congruence 一致（個人中心）

一致是Rogers個人中心學派的三個核心治療特質之一，個人中心三個核心治療特質包括「真誠一致」、「無條件正向關注」、「同理心」。在治療關係裡，治療者三種必備特質之中，真誠一致是最重要的一種態度。所謂「一致性」是指治療者在諮商過程中，其個人內在所有的經驗都能自由地被個人知覺所承認，因此其自我概念和經驗是一致的。這種坦誠、整合、真實的經驗是治療中最重要的。

諮商師和個案在治療關係中，真誠表露他的感覺，誠實面對個案、整合溝通，個案自然也會學習到這種經驗，而放下防衛，開放他內在的經驗。在治療關係中，當治療者是一致的時候，「溫暖的接納」和「同理心的瞭解」都變成真實並且有促進個案改變的意義。

Conjoint Family Therapy 聯合家庭治療

聯合家庭治療是Satir於1980年代發展出來的家庭治療方式。其治療方式強調溝通、情緒體驗。聯合家庭取向的治療師藉由與家庭共同投入晤談互動，從晤談中得知的家庭規則、家庭圖、家庭生活事件，來

瞭解家庭成員在因應壓力時的防衛方式如何，例如討好型、指責型、超理智型、打岔型等，以及能兼顧自我、他人與環境的一致性成熟溝通，進而協助家庭成員自發性的冒險與自我揭露，達到家庭成員同時具有情感上的聯繫，擁有親密感以及彼此間的個體化獨立感。

Conscious-Raising（Technique）　意識覺醒（技術）

意識覺醒是女性主義的概念之一。女性主義者認為在這個父權的社會中，有很多對女性的刻板要求與偏見，致使女性在無意識當中接收這些主體的壓迫而不自知。意識覺醒技術是指集結小型的團體，成員間彼此分享自己所經歷的經驗與感受，從團體成員的經驗中發現自己並不是孤單的，彼此產生所謂的「姊妹情誼」，從彼此的支持中改變己身所受的迫害，並且能夠有意識的知道自己的行為，什麼是為了迎合社會期望、什麼是健康的價值觀與行動。例如，由喪偶女性所組成的團體，協助成員看到自己受到社會期待「從一而終」、「貞節牌坊」的影響，讓自己無法跨出去找尋自己的幸福。

這種意識上的覺知與改變，會為女性帶來內在的轉化，這是一種女性內在的意識覺醒。

Construct Pole　建構極

建構極可分為「相似極」和「相異極」兩種類型。在三種要件中，相似極是指該建構可以說明三種要件中的某兩要件中相似的地方，但該建構對於另外一個解釋是相斥的，也就是所謂的相異極。

例如，「計程車司機」、「公務員」、「教師」三個要件中，可以形成「薪水較少—薪水較多」、「工作時間長度不固定—工作時間長度較固定」等不同的建構極。

Constructivist　建構主義者

　　不同於決定論者，建構主義者認為個體是主動的創造者，能夠從自己所屬的經驗世界中找尋自己認同的意義。在諮商的應用上基於建構主義的基礎，1990年代逐漸發展出敘事治療，強調個人主觀所知覺的世界，都是由個體對該世界的認識與建構而成。治療師經由和個案的合作後，雙方共同外化問題、從不同的角度看此問題、並進而建構出更具有解釋性與意義性的生命故事。

Consultation and Counseling　諮詢和諮商

　　諮詢是一種專業性的服務，意指諮詢員對受諮詢者提供他的專業知識和服務，目的在引導或協助受諮詢者的技術與知識，以解決案主或案主系統的問題。諮詢包括了諮詢者、被諮詢者及當事人，諮詢的目的在於提昇被諮詢者的效能，以提升對當事人的服務，其三者間的關係如下所示。諮詢員對受諮詢者提供的是直接服務，正如受諮詢者對個案所提供的。而諮詢員並未直接接觸個案，所以對個案而言，他提供的是間接服務。

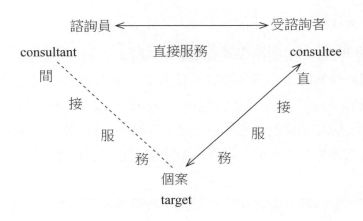

諮詢和諮商的差異在於諮商是指當事人與諮商師在一定的治療架構下，協助當事人解決困擾、增加自我覺察或是進行自我探索，諮商的歷程較諮詢更為深入個體內在的狀況，諮詢則較集中於系統和組織問題的解決，諮詢和諮商的共同目標皆在於增進個體與組織間的整合，協助當事人和系統解決問題。

Contact　接觸

接觸是完形治療中的重要概念，相對於內射、投射、回攝、解離、融合等五種抗拒，「接觸」是完形治療學派認為個體改變與成長的必備條件。接觸是指個體能夠經由看、聽、嗅、碰觸等方式與環境或其他個人做「真實」的接觸，並在此接觸的過程中，保有個體的主體性。自我覺察和表達自己感受都是個體能夠與環境、他人做真實的接觸時的先決條件。也就是說，接觸係指個體能無防衛、真實的運用感官知覺感知環境、他人互動中的正負向感受與事件。例如，大地震中失去雙親的孩子，能夠真實表達內心的傷痛情緒，這樣才能真正走過哀傷，真實面對復原之路。

Coping Imagery　因應心像（多重模式）

因應心像是Lazarus多重模式所提到的治療技術之一。在心像的運用上，其方法有：（1）藉由調整每一個模式來改變自我心像，（2）因應心像，在某個情況中想像自己是可以控制、自己是成功的。通常因應心像常和放鬆一起配合運用，協助個體在會引起焦慮的情境中自我控制。

例如，當個體上臺演講時會緊張，治療師可協助個體在想到這個情境前先練習放鬆，透過想像放鬆影像的呈現和演練放鬆，進而在上

臺演講時可以自我控制，達到放鬆的狀態。

Core Beliefs　核心信念

　　核心信念是指個體內在對於不同人、事、物的哲學觀，該信念影響個體的外顯行為。例如，個體內在「萬般皆下品，唯有讀書高」的核心信念將影響個體花去所有時間在準備唸書、考試的事情上。

Core Constructs　核心建構

　　核心建構是個體行為背後最核心的認知想法，該想法影響了個體的外顯行為，核心建構通常受社會文化、成長背景與脈絡、重要他人所影響。例如，一位不抽菸者背後的核心建構是為了健康著想。

Counter Transference　情感反轉移

　　情感反轉移又稱為「反移情」，是精神分析學派重要的概念之一。Freud認為當個案將過去對重要他人的情感投注於治療師身上，出現移情時，治療師表現出不適當的情感、滲入自己過去的經驗或感覺或未竟事務而失去客觀性，此即情感反轉移。原本Freud對於反移情的評價較為負面，認為治療師應該有如空白螢幕，不該對個案產生反移情，治療師的反移情對治療有負面的影響。Heimann（1950）主張情感反轉移可以是瞭解病人的工具，治療師藉由「反移情反應」瞭解個案的內在世界，並經由分析獲知其所代表的意義，有助於治療的進行，進而讓治療達到「修通」的目的。

　　治療師可從「和督導討論」、「自我覺察找出反移情根源」、

「個人接受分析」等方式，覺察自己對案主的反移情狀態。近年來反移情已經成為治療師瞭解個案的重要資源。

Cultural Feminists　文化女性主義

　　女性主義治療強調從個案所處的脈絡中瞭解其對其問題產生的影響；此外，女性主義計有「自由女性主義」、「文化女性主義」、「激進女性主義」、「社會主義女性主義」四大派別，其差異處在於對於造成個案壓迫成因及改變社會的方法觀點不同。

　　其中，文化女性主義認為社會貶抑女性力量是造成壓迫的來源，其論點強調兩性差異，並認為解決此種貶抑女性的方式在於促進社會更尊重女性哺乳、互助與關係，其治療目標在於加強「互助為本」的價值觀。

D 字母之解釋名詞

Dance/Movement Therapy　舞蹈治療

舞蹈治療以具有心理療癒效果的方式引導個案的肢體運動，以促進個案情緒、認知和生理方面的整合和內在療癒。在舞蹈治療中，可以從身體及其各種變化性而引發的互動、彼此接近、「穿過自我防衛」或從身體之中得以「擴展體驗」。舞蹈治療的媒材介面是身體，因此舞蹈治療也就是經由治療師的特殊引導而使人能在身體上，與自己內在取得聯結，達到自我了解、自我探索的內在整合。

Death Instincts　死的本能

「本能」是Freud精神分析學派的核心概念，本能是個體所有能量的總稱，其類型包含「生的本能」與「死的本能」兩種，此兩種本能是造就人類動機強大的因素。其中，就「死的本能」而言，指的是將張力減少到零的傾向。Freud將之視為個體內在的「攻擊驅力」，用來說明個體潛意識中關於自我傷害與傷害他人的內在慾力，死的本能是將精神力量用於攻擊自己，而後才有向外攻擊他人。例如，一位受死的本能驅使的憂鬱症患者想要臥軌結束生命，個案將內在能量用於死亡的衝動中。

Debriefing　抒壓會談

抒壓會談是在危機事件發生的數天內（一般為72小時內），與危

機事件相關的個體共同形成一個團體，專業帶領者經由結構式的方式進行，協助成員討論危機事件，其目的是減緩心理壓力、預防創傷後壓力症候群的產生、協助當事人從危機事件中復原，以及篩選出需要進一步長期協助的個體，從而提供轉介及諮商服務。

抒壓會談的進行可分為下列七個步驟：

1. 場面構成：帶領者簡要說明團體目的、進行原則與方式、保密性，邀請成員簡單介紹自己名字與和危機事件中當事人的關聯性。例如，為過勞死當事人的同事。

2. 陳述個人主觀事實：描述並討論自己認知中危機事件發生時的當下細節及當時自己的感官感受。例如，參與團體同事詳細描述一早進辦公室時，從看到逝者趴在辦公桌上，以為其在睡覺到發現逝者沒有生命跡象的過程與感受。

3. 陳述個人想法、念頭：邀請成員描述事件發生時自己第一個想法。例如，該同事描述當發現逝者沒有生命跡象時，第一個想法是「怎麼可能？」。

4. 陳述個人負向反應：邀請成員描述危機事件發生到現在，覺得最糟的狀況。例如，該同事描述自己不敢踏進辦公室，作夢的時候也會重複夢到當天的情景。

5. 陳述個人的身心反應：帶領者邀請成員說出危機事件對個體在生理、心理、認知、情緒、行為上的影響。例如，該同事出現失眠、緊張等狀況。

6. 教育：帶領者整理團體成員所陳述的認知、行為與感受，以教育性質說明危機事件下個體的典型反應，並討論可行的因應之道。

7. 再投入：帶領者進一步提供未來協助與相關資源。例如，相關諮商機構的名單。

藉由抒壓會談的歷程，危機事件相關成員除了可以從自己與他人的描述中更多元的角度理解危機事件的前因後果，也更能夠接納自己

生理、心理的正常反應，調整情緒與準備未來，同時獲知若需要進一步協助時的可行管道為何。

Defense Mechanism　防衛機轉（精神分析）

自我防衛機轉是精神分析重要概念之一。防衛機轉是在潛意識中運作，在面對焦慮時，個體用否定或扭曲現實的方式運作。自我防衛的功能在幫助個體克服焦慮和保護受到傷害的自我，如果個體在運用防衛機轉時，不將之成為逃避現實的方式的話，它們並非全部都是病態的，並具有一定的價值。

自我防衛機轉的種類有：「壓抑」、「否定」、「反向」、「投射」、「轉移」、「合理化」、「昇華」、「退化」、「內射」、「認同」、「補償」、「固著」等。例如，將想要攻擊別人的衝動轉變成為喜歡打拳擊，便是一種將內在驅力化做「昇華」的防衛機轉。

Deflection　解離

Perls的完形治療法中提到個體會經由「解離」、「回射」、「內射」、「投射」、「融合」等五種抗拒接觸的類型，這種抗拒接觸是拒絕和自己真實的感受和環境做接觸，就如同真實的自己與外在事件被一道透明的牆壁所阻隔。其中，解離是個體內在混亂的過程，經由和自己的想法、行為保持距離的方式來避免與真實的自己做接觸，所採用的方式諸如：過度幽默、問問題、減少自身情緒經驗、談論別人等方式。

例如，意外流產的母親面對自己流產的事件，以減少情緒、談論別人的方式和醫生討論自己身體狀況。

Demystify　去神秘化

　　去神秘化是後現代主義治療者對治療師角色上的新詮釋。不同於過往治療師與個案間具有的距離與權威角色，去神秘化的治療師與個案將共享權力，並營造平等關係。在諮商關係去神秘化的歷程中，諮商師可以適時的自我揭露、知後同意、和個案討論重要的諮商走向等，其目的是促使個案在晤談的歷程中多些主動參與、為自己問題負責的角色。

Denial　否認（精神分析）

　　否認是精神分析Freud所提及的防衛機轉之一，指涉個體拒絕所知覺到的創傷，特指女性拒絕接受自己知覺到沒有陰莖一事。克萊恩學派則認為否認是指某部分知覺被刪除掉，通常與狂躁防衛機制（Manic Defences）一起運作，特別用在否認心智中的某部分現實，或說精神現實（Psychic Reality）。否認也會與理想化（Idealization）一起發生。

Dialectical Behavior Therapy（簡稱DBT）　辯證行為治療

　　辯證行為治療是Linehan在1990年代所發展的治療法，是一種以認知行為治療為基礎的談話治療，是指治療師幫助個案一方面接納自己，一方面改變傷害自己的想法和行為，兩件看似矛盾的事情，卻同時存在於治療中，形成一種辯證的歷程。辯證行為治療四大類的技術如下:了了分明技巧、情緒調節技巧、痛苦耐受技巧和人際效能技巧。這四類技巧涵蓋正念、情緒、生理和人際關係，透過個別治療和團體治療並存的方式，有效協助個案改變。

　　辯證行為治療在應用上特別適用於嚴重情緒困擾和自我傷害的個

案，也是美國精神醫學會推薦治療邊緣性人格和重複自殺自傷個案的心理治療法。在臺灣則由馬偕醫院的心理專業團隊推廣與應用。

Dialogue Experiment　對話實驗

完形治療的心理實驗之一。完形學派的目標在使個體接納其被拒絕或否定的人格達到功能統整。對話實驗讓個體人格中衝突與分裂的兩部分進行對話，使衝突呈現，經過治療師協助個案接納、統整後，使衝突得以解決。對話實驗的進行方式不只是討論個體內在的衝突與情感，更進一步讓個案充分體驗自己內在的兩極，從而達到統整的目的。其進行方式有空椅法、雙椅法和三椅法。

Dichotomous Thinking　極端兩極化思考（認知；理情）

認知扭曲是認知行為治療中的重要假設之一。所謂認知扭曲是推理上的系統性誤差在心理困擾中極明顯。包括：獨斷的推論、選擇性的抽象推理、過度類化、放大和縮小、個人化、二分法的思考。極端兩極化思考是個體把經驗分為兩個極端，要就是全然成功，否則就是徹底失敗。這種極端的想法，會給個案帶來痛苦，讓個人處於非黑即白的極端想法中。例如，個案認為自己考上研究所就是成功者，考不上就是失敗者，這種思考方式是兩極化的，因此個案面對失敗時將導致嚴重的痛苦。

Displacement　換置（替代）作用

換置（替代）是精神分析Freud所提及的防衛機轉類型之一。換

置是指個體將自己原本對某對象有內在衝動，然而因該對象具有威脅性，因此個體潛意識將其衝動轉移到較不具威脅的對象身上之歷程。例如，在學校受到霸凌的小孩，回家無意識的將自己在學校受到的欺負轉嫁給八個月大的妹妹，也對妹妹展現霸凌的行為。

Domestic Violence　家庭暴力

　　家庭暴力防治法修正條文中提及家庭暴力係指「家庭成員間實施身體或精神上不法侵害之行為」，也就是家庭成員（包含同居狀態）中施暴者的行為造成受暴者身體與心理上的傷害。

　　家庭暴力包含「語言暴力」、「肢體暴力」、「情緒暴力」、「性暴力」等多種類型，從受暴對象而言，可分為「配偶凌虐」、「兒童凌虐」、「亂倫」等類型，由此可知，家庭暴力可能涵括不同世代、不同年齡層與不同角色，目前國內在家庭暴力防治上，已經成立「113全國婦幼保護專線」，並於各縣市成立「家庭暴力防治網」。

　　諮商師在面對家庭暴力的受暴者時，需考量法律、社會安置機構等面向，諮商目標在於協助當事人發展內在能量，協助當事人從「暴力關係」轉換為「非暴力關係」。

Double Bind　雙重束縛

　　雙重束縛是1960年代家族治療的概念，意指當一個人處於進退兩難的情境當中，無論他做什麼選擇，都不是一個好的選擇，造成做也不是、不做也不是的左右為難狀況，就是雙重束縛。這種現象最常見於精神分裂症的家庭溝通中，例如母親口頭上說我很愛你，希望你常常回家，但當你回家後，母親在行動上卻表現得很冷漠。在雙重束縛情境下的個體容易產生迷惑與退縮，久而久之，容易造成特殊行為的

產生，無論他（她）靠近母親，或遠離母親，都會有內在的壓力，讓當事人不知所措。

Double Listening　雙重傾聽

雙重傾聽是後現代取向敘事治療的一種諮商技巧，主要由Michael White等人所提倡的概念。敘事治療模式強調個案自身描述的故事，可以形成他們對自己、所遇問題和世界的理解。心理師透過「雙重聆聽」個案的描述，可以探索個案故事中未曾察覺的部分，並進一步幫助他們重新建構遇到的問題，敘說自己故事的新可能，並且找到新的意義和解決問題的路徑。雙重傾聽強調個案的自主性，心理師則是以見證人的立場參與其中，讓個案透過心理師的陪伴，自主發現內在的力量和資源，達成問題解決和自我成長的目標。

Drama Therapy　戲劇治療

戲劇治療是一種心理治療方式，過程在於有目的性的使用戲劇和劇場的元素或歷程來達到治療效果內涵包含角色、演出和體驗。戲劇治療工作者將案主置於戲劇活動中，經由個人與團體互動的關係，自發性的去嘗試並探討過往之經驗，藉以紓緩情緒、建立認知、減輕精神上的壓力、焦慮、憂鬱或障礙。以期達到促進人格成長、身心健康、發揮潛能、與建立積極人生觀之目的。

Dream Work　夢的工作

夢的工作是指治療師與當事人對當事人夢中的素材進行分析、詮

釋或是覺察的歷程，通常會因為治療師所屬學派的哲學觀而對夢有不同的假設、不同工作方向，其中以「精神分析學派」、「Adler學派」、「完形學派」較清楚對夢的工作有不同的假設與進行方式。

精神分析學派而言，Freud認為「夢是通往潛意識的黃金大道」，個體會藉由顯性的夢境象徵潛意識中被扭曲、歪斜的隱性夢，精神分析學派在夢的工作中，會經由運用「自由聯想」的技術協助當事人探索顯性夢中的隱性意義，協助當事人潛意識意識化，從而增強自我功能。例如當事人經自由聯想後發現夢喀滋喀滋不停的牙齒象徵男性的陽具，是潛意識中自己對性的渴望。

Adler學派認為夢具有「補償」及「展望未來」的作用。夢是在傳達訊息，諸如作夢者內心的矛盾、困惑、爭執的連結。Adler學派藉由夢境分析找出當事人的生活風格、虛構目的論，並進而再教育。例如，當事人夢見喀滋喀滋不停的牙齒，Adler學派藉由探索，發現當事人因內在過去的自卑感，而不敢開口和他人交談，並發現個案的生活風格極度僵化，則Adler學派會藉由提升當事人的社會興趣來協助他。

完形治療學派Perls認為「夢是通往人格統整的大道」。個體的夢境代表投射的自我，夢中不同的部分，皆是做夢者自己內在對立、不一致及未竟事務的部分。完形治療在夢的工作中，諮商師依照當事人的狀況，運用諸如空椅技術、停留在感覺中等方式，量身打造屬於當事人的實驗，邀請當事人扮演夢中的每一樣人、事、物，從中覺察自己的真實自我，來協助當事人在剝洋蔥的人格統整歷程中，更加覺察、接納自己內在不一致的狀態。例如，當事人經由空椅技術，發現自己夢中的喀滋喀滋不停的牙齒是自己內在不想承認的「衝動性格」，並在諮商師的協助下，覺察這個性格所帶來的優、缺點，進而統整這個性格於個人的內在。

Drive Theory　驅力理論

　　驅力理論是心理分析理論的觀點之一，認為個體某些與生俱來的生物性本能會在個體不同的發展歷程中，形成不同的願望（Wishes），而個體的行為與人格主要架構，受這個驅力所影響，其所思所為皆希望能夠滿足這個生物性驅力。例如，個體受到性驅力的影響，而想要談戀愛，期望和戀愛對象有性方面的接觸。

　　目前心理分析論者已經較不完全用這樣的角度來看待當事人的行為模式。驅力理論中的概念，現在較被從「激發人類思考」的角度去看待驅力對一個人的行為影響。

Dual Relationship　雙重關係

　　「雙重關係」是指有諮商關係以外的關係，雙重關係的形成可能在諮商關係前，如師生、親朋好友等關係，或是在諮商歷程中產生如戀愛、性等關係。雙重關係可簡單區分為「性關係」和「非性關係」。

　　並非所有的雙重關係都違反倫理而具有傷害性，但潛在的最小傷害也應避免。學校教師多同時擔任教學和輔導工作，易有同時和學生產生授課與諮商的雙重關係，引發相關倫理顧慮，其可能引起的問題如「角色與責任不明確」、「諮商專業關係受扭曲，界限變模糊」、「容易失去客觀性而妨礙判斷」、「容易使個人需求與專業需求曖昧不明」。處理「雙重關係」的原則是要努力避免可能危害專業判斷和增加當事人犧牲的風險，當此關係已引起前述問題時，應將當事人轉介給另一個適任的諮商師，以維持個案的最大利益。

Dysfunction（al）　失功能

　　「失功能」係指失去其原本應有的運作方式，在心理治療上，通常用以指稱個體或家庭的呈現狀態。就個體的失功能而言，係指個體失去生活中自我照護的能力，例如，精神官能症、精神異常等個案會有無法處理自己身體清潔工作的狀況。家庭的失功能而言，係指家庭失去提供經濟、生活教育、情感支持等功能，例如，低收入戶的家庭負擔不起學生的學費或是母親無法做到親職的功能。

　　治療師在面對失功能的個案或家庭時，首重評估個體的狀況是需要醫療或社會福利介入，當排除醫療上器質性因素造成個體失功能，確定為心理因素時，治療師可以先經由重視現實生活方面的晤談協助個體穩定生活狀況，進而慢慢一步一步解決其內在心理困擾。

E 字母之解釋名詞

Early Recollections　早期回憶

　　早期回憶是阿德勒（Adler）所提出的觀念。早期回憶指的是當事人幼年時期所存留下來的自傳式記憶，包括過去所發生的事件情節、對事件情節所伴隨的感覺與想法，這些情節想法、感覺必須是當事人能夠清晰回憶出來的，如此才能突顯出他的信念與基本錯誤。在早期回憶中可以看到個體的生活型態與社會興趣。

　　例如個案在早期回憶中發現自己回到家後第一件事就是和母親煮菜談心，這個經驗是一種非常溫暖與溫馨的回憶，讓個案感受到為別人準備飲食的美好。因此，長大後個案就成為一位優秀的廚師。

Ecological Systemic Approach　生態系統觀取向

　　此觀念主要來自家族治療的系統觀，Bronfenbrenner和Knoff建立生態系統理論，強調（1）個人或本身會因為部分的改變造成整體改變。（2）系統中較大的主要部分，其需求的目標將比次要部分被優先考慮。

　　從生態系統的層次而言共有四種系統，分別是微系統（Micro system）、中介系統（Meso system）、外系統（Exo system）和大系統（Macro system）。目前生態系統觀已經應用在企業與學校場域，有很好的成效，也有助於從更大系統觀看個人議題。

Edge of Existence　存在邊緣

存在邊緣是存在主義對於一些在生與死邊緣，或是正試圖努力度過發展、生活危機、努力戒斷不良習慣，開始新生活者的稱呼。例如，臨終病人、癌症者、期望戒毒努力過新生活者，皆可稱之為處在存在邊緣。存在主義治療師，協助這些存在邊緣者找尋生命的意義，助其開展人生。尋找意識是這一類存在邊緣個案的重要議題。

Edwards Personal Preference Schedule（簡稱EPPS）
愛德華個人偏好量表

由美國心理學家愛德華（A.L.EDWARDS）於1953年編製。該量表是以美國心理學家默瑞（H.A.MURRAY）在1938年提出的人類15種需求為理論基礎編製的。全量表包括225個題目，其中有15個重複題目，用以檢查反映的一致性。量表中每一題目包括兩個第一人稱的陳述句，要求受測者按自己的個性偏好從中圈選一句話。本量表能快速而簡便的協助個人瞭解人格偏好，包括人際關係、個人抱負以及工作期待等相關議題。施測時間：40～50分鐘；施測方式：電腦閱卷、個別施測、團體施測

EPPS的主要功能是經由個人對題目的選擇而鑑別其在15種心理需求上的傾向，從而瞭解個人的人格特質。這15種需求是：成就（ach）、順從（def）、秩序（ord）、表現（exh）、自主（out）、親和（aff）、省察（int）、求助（suc）、支配（dom）、謙遜（aba）、慈善（nur）、變異（chg）、堅毅（end）、性愛（het）、攻擊（agg）。這15種需求的瞭解有助於個人對自我個性和傾向的瞭解。

Ego　自我

　　「本我」、「自我」、「超我」是精神分析學派中關於人格的重要概念。從地誌學典範來看，自我處於潛意識當中，從本我出發，在個體與環境互動中發展出來的。自我在意識層面的展現上，主要工作是促使我們與現實連結，並扮演本我與超我間溝通的橋樑，也是一個本我和超我間的監督者。

　　自我受「現實原則」支配，能夠對所作所為做合理、有系統的計畫與思考，滿足自己的需求，也能符合社會或良心的要求。但同時自我也是執行所有防衛機轉的單位，而這部分的運作屬於潛意識。

Ego-Defense Mechanisms　自我防衛機轉（制）

　　自我防衛機轉是Freud理論中對於個體如何因應焦慮的重要概念。事實上，所有的防衛機制都是由自我在執行的，也就是表示Id-defense、Superego-defense並不存在。自我防衛機轉（制）具有否定或扭曲現實、在潛意識上運作的特色，其目的在協助個體應付焦慮、避免自我受到打擊，也具有幫助個體克服焦慮和保護受到傷害的自我之功能。精神分析學派認為個體常見的防衛機轉包括「否認」、「投射」、「合理化」、「固著」、「壓抑」、「反向」、「替代」、「昇華」、「退化」、「內攝」、「認同」、「補償」等。

　　個體在焦慮情境中，會採用何種自我防衛機轉，端視焦慮情境高低而定，此外，若個體未因採用自我防衛機轉而忽略現實、到達病態的程度，皆算是正常行為，此舉具有協助個體調適的價值。

E

Ego Psychology 自我心理學

自我心理學是美國當代精神分析的基礎，安娜‧佛洛依德（Anna Freud）被認為是第一個為自我心理學發聲的人，其理論以自我及其防衛機制為核心。此學派的哲學基礎，除了說明內在心理衝突在人格發展歷程中的重要角色外，更強調、看重個體自我追求內在成熟的能力，與其所處的社會脈絡。此種從「自我」角度出發的精神分析學派即意指自我心理學，其代表人物如Erikson。自我心理學認為個體的問題不僅是呈現個體童年時期潛意識的衝突，而是同時看重、處理童年早期與成人發展時所遇到的課題，其目標是協助個體達成其所處階段的發展任務。例如，治療師協助青少年發展對自我的認同。

Ego State 自我狀態

自我狀態是溝通分析學派Eric Berne關於個體內在人格結構的重要概念。溝通分析學派認為個體內在都有「父母」、「成人」、「兒童」三種內在自我狀態。父母又可以分為「撫育型」與「指責型」；兒童又可分為「自由兒童」與「順從兒童」兩種。

溝通分析學派認為當個體的困擾來自於自我狀態被「污染」或「隔離」，諮商員可藉由諮商技術，協助個體「去污染」、「再傾洩」，從而改寫生命腳本，讓個體的內在人格能夠依據情境自由流動。

 P：和父母的想法、感覺和行為一樣的自我狀態。

 A：此時此刻的想法、感覺和行為的自我狀態。

  C：童年時有的想法、感覺和行為的自我狀態。

圖中表示個體內在的三種自我狀態，其中，由三個圓圈相連表示內在狀態是連續、一致的。

Electra Complex　戀父情結（精神分析）

　　「伊萊翠情結」是容格於1913年於《精神分析理論》（The Theory of Psychoanalysis）一書中引介，用來指明女性伊底帕斯的詞。佛洛依德則一直認為沒有另創一詞的必要。女性戀父情結發展於三至六歲的小女孩身上，此時期的兒童開始從窺探自己的身體瞭解兩性間的差異。處在戀父情結的女孩受內在對父親的情愛吸引，對母親產生敵意，然而因個體的成熟與對母親的模仿而產生了超我，抑制了內在戀父情結的衝動，從而學會道德規範。

Emotional Attachments　情緒依附

　　情緒依附是家族治療用以說明家庭成員間情感交流的狀態。情緒依附係指家庭成員彼此情緒上的支持，但是當成員間情感過於緊密相連，彼此具有高度感染力與渲染力時，則容易形成問題，直到家庭關係型態被有效處理後，情緒依附的問題才有辦法解決，不然只會在代與代間傳遞下去。

　　例如，一位媽媽，每當小孩生病時，便深深認為自己的孩子會死掉，因此過於緊張、焦慮，此情緒感染了家中其他成員，致使孩子與母親情緒上高度依附，並潛意識中認為自己的身體非常虛弱，父親則對母親過度反應感到憤怒、斥責。諮商師經由鼓勵情緒的獨立發展，這些依附的狀況才有機會終止，讓彼此成為獨立的個體，可以發展自己真正的潛能。

Emotionally-Focused Therapy（簡稱EFT）　情緒焦點心理治療法

　　情緒焦點心理治療法是由Johnson和Greenberg發展而出的治療方式，和完形治療有密切的關係，也結合了人本主義與系統理論。EFT主張情緒是心理治療過程中的重要角色，情緒是引發行為反應的關鍵，而維繫關係重要的基礎是安全感，如果關係中的安全感受到威脅，當事人就會感受到痛苦，進而產生互相傷害的行為。情緒焦點心理治療法的治療師主要幫助個案，停下會令他人或自己痛苦的行為互動模式，透過溝通重新塑造彼此的情緒經驗，進而建立相互支持的情感關係。

　　情緒焦點心理治療法主要技術有三階段九步驟，其中包含肯定、同理、重新界定、同理式猜測、喚起反映、故事比喻、反映互動循環、加強和現場演練等。情緒焦點心理治療法在伴侶諮商、家庭治療和多元文化家庭中都有廣泛的應用。

Empathy　同理心

　　同理心是Rogers個人中心理論中，認為諮商師應有的態度之一。同理心係指治療者在從事治療時能夠感受個案的感覺就宛如是自己感覺一樣，在治療時，能敏銳地、正確地瞭解個案的主觀經驗，協助個案認識與覺察自己內在不一致的問題。

　　同理心又可分為初層次同理心與高層次同理心，前者是指諮商師能夠對個案所表達的事情感同身受；後者是諮商師對於個案未覺察或是未表達的，也能體會。

Empowerment　權力賦予（賦權）

　　賦權是女性主義最終的治療目標，係指讓個案能夠獲得生活調適、問題解決的策略外，還能夠有心理準備，知道自己看待周遭世界觀點將有所轉變，並相信自己將有能力在此狀態中，接納自己、自信、自我實現。治療師的最終目的，是讓個案能夠相信自己是有能量、能夠賦予自己因應社會的能力，並用這種賦能的感覺去面對自己的各種議題。

Empty Chair　空椅法

　　空椅法是完形學派在晤談歷程中的眾多實驗之一。完形治療學派強調協助個體覺察內在的自己，將自己不同的面向加以整合，其實施方式如下：

1.諮商師協助個案將自己內在衝突的兩極置於椅子上。

2.諮商師協助個案仔細描繪兩極的性質並且將之命名。

3.諮商師協助個案與其兩極面向進行對話，並將各種情緒表露出來。

4.諮商師協助個案進入兩極當中，並覺察該其對自己的正、負向影響。

5.諮商師協助個案整合兩極的自己，並於實驗結束後，詢問個案對「現在」的感受。例如，諮商師藉由空椅法協助個案整合內在急躁與偷懶的矛盾特質；此外，諮商師亦可藉由空椅法協助個案在抉擇時進行評估，例如選系時的評估，或是出國唸研究所或在國內唸研究所的選擇。

Enactment　重演行動

　　重演行動是結構家庭治療Minuchin治療技術。在進行家族治療時，

治療師會要求家庭成員將家庭中的衝突情境演出來，此時治療者一方面觀察家庭成員的互動情形與彼此間的結構溝通動力運作，藉此評估家庭結構，另一方面阻止家庭中既存在卻不適當的互動型態。此外，治療師會加入新的規則，並鼓勵成員體驗此一新的運作規則所帶來的感受。此一過程及「重演行動」，其目的是化討論為行動，直接處理問題。

例如，治療師邀請家庭重演管教孩子時吵架的行動，並修正當妻子拉高分貝時，先生動手打人的舉動，代以先生離開房子的行動，讓衝突可以用更成熟的方式處理。

Encounter Group　會心團體

會心團體是Rogers最早開始的團體，它指的是一群人打開心房，彼此分享，在一段固定見面的時間中充分給予團體的人支持，並分享自己的內在世界。會心團體的重要性在於彼此支持的氣氛，有助於個人成長及互相鼓勵。

Enneagram　人格九型測驗

九型人格學起源於宗教背景的蘇菲教派、是遊牧民族經驗的積累，它按照人們習慣性的思維模式、情緒反應和行為習慣等性格特質，將人分為九種。原來的「九型人格」是一套靈修學問，以口耳傳播，教派中的老師藉此辨析弟子的性格類型，並依此指引他們靈修上的出路，幫助弟子們提升人格。

其後九型人格學說輾轉流傳到歐美等地，美國心理學家海倫·帕瑪（Helen Palmer）早年將它用作研究人類行為及心理的專業課題，更被包括史丹福大學在內的多所美國大學列作教材，成為心理研究課程。

近代的九型人格於二十世紀六十年代興起，由智利的心理學家Oscar Ichazo所創立。後來九型人格傳入美國，加入心理學元素，經不同學者整合並將之發揚光大。

九型人格包含第一型改革要求者、第二型助人博愛者、第三型成就者、第四型藝術浪漫者、第五型理性觀察性、第六型忠誠安全者、第七型活力享樂者、第八型領導挑戰者和第九型和諧維持者。目前九型人格廣泛應用在商業與心理的領域。

Engendered Lives　性別生活化

性別生活化是女性主義Kaschak（1992）所提出來的一個概念。Kaschak的研究結果指出，個體在形塑自我認同的歷程中，無形中是由強勢團體的男性定位女性其該有的性別角色、體態如何，此即性別化生活。例如，兩性在經歷喪偶的際遇上，男性再婚被社會賦予較多的支持，相對的，女性則較多被要求守寡；社會上會要求女性同時保有纖細的體態與豐滿的胸部。諸如此類都是由男性來定位女性角色、樣貌為主。性別生活化可以透過女性覺醒的過程，使女性重新思考自己的角色與定位。

Enmeshed Family　陷網家庭（家族）

陷網家庭是家族治療學派對於「家庭界線過於鬆散」致使家庭成員過於介入彼此生活的稱呼。通常，界線將家庭中每個次系統與成員間分開，其功用保護系統的完整性，健康的界線是具有彈性的，使得家中的成員能同時擁有統合感與隸屬感。當家庭界線過於鬆散時，家庭中次系統的邊界變得十分模糊，使得其他人可以任意入侵，家庭成員彼此捲入對方的生活，而導致一種陷入不能自拔的狀態，使得家中

的成員想要獨立自主變得不可能。

　　舉例而言，如父母對子女的過度保護，使子女太過依賴而難以和外界人們建立關係，如此一來父母及子女都失去了其自我的獨立性。

Erotic Transference　情慾移情

　　在精神分析的歷史發展中，情慾移情曾出現在Anna O.和Breuer的分析歷程中，Anna O.意外對Breuer出現情慾上的移情，致使Breuer結束治療關係，帶著妻子二度蜜月。

　　Freud後來注意到在治療關係中的移情，「情意」與「情慾」的感覺是普遍的，並將這些感覺認為是很有價值的分析素材。情慾移情是指不論分析師與病人的性別如何，有時患者和分析師的關係會受到情慾感染，而使治療歷程與效果出現變化。經過修通情慾移情後，病人對於興奮、罪惡感等議題會有更多的意識覺察。

Ethnocentric Theory　種族中心理論

　　Worell和Remer描述了傳統理論的六個特徵為：「男性中心理論」、「性別中心理論」、「種族中心理論」、「異性戀中心主義」、「內在心理取向」、「決定論」。其中，種族中心理論是假設人類發展與互動的客觀事實是非常相似的，同時具有跨文化、跨國家、跨種族間的普同性。然而，受後現代主義思潮的影響，女性主義治療提出個體具有個別差異，認為不同民情下人類的發展是具有獨特性的。

Exaggeration Game　誇張遊戲

　　治療師要求個案誇大其肢體語言，並覺察該動作背後的內在意涵，其目的是讓個案能夠省思自己未覺察到的非語言訊息，此即「誇張遊戲」。例如，治療師觀察到個案在諮商的過程中，每當談到和妻子間夫妻爭吵的議題時，總是會不經意的雙手緊握，讓手指關節發出聲音，於是治療師讓個案停留、誇大這個動作，並詢問該動作背後所要傳達的意涵如何，透過這個過程可以讓個案的非語言行為被深入的瞭解，達到自我的統整。

Exceptional Framework　例外架構

　　例外架構是焦點解決學派的技術之一。焦點解決學派由Steven de Shazer和Insoo Kim Berg所發展。其基本假設認為當事人是自己問題的專家，面對當事人的問題以朝向未來及問題解決的觀點協助改變的發生。焦點解決學派的主要技術包括「量尺問句」、「例外問句」、「假設問題」、「水晶球問句」等。

　　焦點解決學派認為當事人的問題多半出現於個體一直沉溺於問題當中，致使當事人往往看不到就在眼前的解決之道。因此，例外架構是指諮商師以「暫時脫離問題」的原則，邀請當事人想像問題不在時的例外狀況下自己的行為，其目的是協助當事人建立解決問題的方式。例如，諮商師：「想想看，哪些時候不會發生這種問題？當時你做了些什麼？」如此一來，當事人就可以朝向問題不發生時的狀況來思考，因而找出問題解決之道。

Existential Anxiety　存在性焦慮

　　存在主義學派認為人類狀態共有六個基本層面：「自我覺察能力」、「自由與責任」、「自我認同及他人關係」、「追尋意義」、「焦慮是一種生活狀態」、「覺察死亡與無存」。相較於神經性焦慮，存在性焦慮是一種個體對事情的反應之生活型態，具有成長、引發改變動機的特性。Rollo May認為此種焦慮是人在面臨選擇時的一種生活狀態，並非疾病，是面臨選擇時必然的狀況。

　　存在性焦慮與自由是一體的兩面，我們可以選擇放棄自由以逃離焦慮，也可以選擇冒險並為生命負責。

Existential Guilt　存在的罪惡感

　　存在的罪惡感是存在主義學派的概念之一。存在的罪惡之所以產生，有「神經性焦慮」與「一般性焦慮」兩個來源，使個體覺得自己沒有達到自己想要的生活、做自己想要成為的人，或是覺得自己有所不足所造成。諮商師可藉由個案的狀態和當事人討論己身關於生活中選擇與行動之間的差異，想想看可以如何過自己的生活。

　　例如，一位聽從家長建議違背自己興趣選讀醫學系的學生，覺得沒有依據自己往歷史科系發展的興趣，而產生存在的罪惡感，這是一種面對無意義的生活產生的一種心情和情緒，重要的是協助學生找到目前生活的意義。

Existential Isolation　存在孤獨（存在）

　　存在孤獨是Frnakl存在主義的重要概念之一。存在主義認為孤獨是人生命最終要面對的課題之一，它只能夠被降低但是無法消除。存在

主義認為個體在這個世上，必須學習經得起孤獨，從孤獨當中學習和自己建立關係、和自己相處，當自己能夠與自己建立關係並且與之相處時，孤獨就變得不再那麼恐怖，也因此同時才能夠和他人建立起真正穩固的關係。

Existential Neurosis　存在的精神官能症（存在）

存在的精神官能症是存在主義治療學派諮商師對於生命中缺乏人生方向的個案而產生焦慮疑惑時，所用的稱呼。Frankl存在主義治療學派的基本假設認為「有生存理由的人能忍受任何生存的方式」，並認為個體有「自我覺察的能力」、「自由vs.責任」、「自我認同vs.人際關係」、「追尋意義」、「焦慮是一種生存狀態」、「察覺死亡與不存在」等六大生存的命題。

因此，當個體因為不願負責而自我放逐、放棄、無法做決定、對人生缺乏方向感而產生的空虛、無力、絕望、焦慮的現象時，便稱之為「存在的精神病症」。此時，意義治療學派諮商師旨在幫助個案發現生命的意義，並體驗真實的存在。

Existential Vacuum　存在的虛無

存在的虛無是存在主義的概念之一。根據Frankl的說法，個體因對生活中產生的無意義感，導致空虛和虛無感，這就是「存在的虛無」。也就是說，個體對自己生命存在的意義感到茫然，又或者從原本處於創造自己的生命意義的歷程中退縮回來。當當事人經驗於存在的虛無狀態中時，也意味著是建立新的價值觀與生命意義的契機，此時諮商師可以和當事人共同探索這個狀況，創造新的意義。例如，一位職場經理對於自己鎮日忙於工作的生活型態感到失去生命的意義，

此即存在的虛無。在存在的虛無中，最重要的是與自我生命的意義重新連結，創造個人的新的可能。

Existentialism　存在主義（存在）

存在主義是一種哲學運動，強調人真正的存在，重視此時此刻的意義，並主張個人對於自己的靈魂是有責任的。存在主義後來影響經歷納粹集中營的Frankl，Frankl受此影響創立「存在主義治療」，此一治療學派基本假設認為「有生存理由的人能忍受任何生存的方式」。因此，意義治療學派旨在幫助個案發現生命的意義，並體驗真實的存在。同時，存在主義治療認為個體有存在的六大命題：「自我覺察的能力」、「自由vs.責任」、「自我認同vs.人際關係」、「追尋意義」、「焦慮是一種生存狀態」、「察覺死亡與不存在」。

由於現代人的疏離及存在真實感、知識份子的深度焦慮及虛無感，造就意義治療在歐陸、美國均成氣候，並實際地診斷輔導，協助個體面對生命的議題，找尋生命的意義，並協助個案體驗真實的存在。

存在主義認為當我們做了選擇之後，對自己的行為負責任便是真實的存在，真實的自我。人可以選擇孤立或合群，因為人有保持獨特的需求，同時也有參與人群活動的需求，端賴他自己的選擇而採取行動。諮商師最好幫助當事人接受孤獨感和合群性的事實，有時候需要經驗單獨存在，有時候面臨團體生活。諮商的過程讓當事人面臨任何事自己做決定，自己負責任的態度，不管對或錯，存在的意義是因為我們經過選擇做了我們自己。

Experiencing　經驗（個人中心）

經驗是個人中心學派的概念之一。「經驗」是指Rogers鼓勵個案去對自己所處的世界有知有覺的去經歷，不論其歷程中是狹窄的、僵硬的或是敞開、有彈性的，就如同每個有機體是獨特的一般，每個經驗都是獨一無二的。

Experiential and Relationship-oriented Therapies
經驗與關係導向的治療

依據不同的取向，可將心理治療分成「分析取向」、「經驗與關係導向」、「行動治療」、「系統觀點」等四大取向。其中，經驗與關係導向包含「存在主義」、「個人中心」、「完形治療」等三大學派。

「存在主義」是一種諮商哲學，強調運用各種方法來瞭解個人的主觀經驗，並探究人類的特殊議題，如焦慮、自由、責任；「個人中心」立基於人本主義的哲學觀，強調諮商師的態度，認為治療關係為治療成果的主要決定因素；「完形學派」運用一系列的實驗，協助當事人聚焦於此時此地的經驗當中。

Experiential Family Therapy　經驗家庭治療

經驗家庭治療法的代表人物為Whitaker。經驗家庭治療也被稱為經驗／象徵取向。治療師的首要任務是和家庭建立關係，並且如同家庭教練、挑戰者，協助家庭成員覺察自己在家庭中互動的方式，從而卸下虛偽的面具，讓家庭成員能夠發展出具有個人特質的面貌，創造自己，進而增強家庭運作中的選擇、自由、自我決定、成長及實踐。

Experiments　實驗

　　實驗是完形治療學派的專業術語，是現代完形治療的基礎。實驗是用來說明完形治療歷程中，諮商師與當事人運用各種方式，對環境脈絡進行接觸與覺察，從而增加自我統整。實驗不同於「練習」（Exercises），練習是為了達到某個明確目標所進行一連串的行為，例如為了順利求職成功，當事人不斷的練習面試技巧；實驗則是諮商師在和當事人的互動當中，諮商師針對當事人的狀況，創意性的量身打造屬於當事人的個人實驗，讓當事人在實驗的歷程中，經驗到自己的需求、感受，從而增加對自己的覺察，其目的是發展出活在此時此刻的能力，使當事人對自己的行為有更多的彈性。

　　例如，諮商師設計一個實驗，邀請當事人演出自己生命中小時候被母親遺棄在孤兒院的痛苦記憶、和母親間的重要對話，以及自己成年後面對母親的內在衝突等，治療師和當事人從中開展出「不安全感」、「孤獨」等主題，也協助當事人覺察自己在親密關係中擔心分離的情感如何影響兩人的互動。

Explosive　外爆

　　完形學派將個體的精神官能症分成「虛偽」（Phomy）、「恐懼」（Phobic）、「僵局」（Impasse）、「內爆層」（Impolosive）、「外爆層」（Explosive）等五個層面。Perls提到，當個體能夠如同剝洋蔥般，覺察、整合這五個層面後，才能成為完整的有機體。其中，外爆層是指個體能夠覺察並卸下自己對外在世界虛偽、欺騙、社會面具……等面貌，如其所是的展現自己的面貌。例如，大學寢室中，室友間能夠發自內心的討論寢室內因雙方生活習慣差異所造成的困擾，並尋求共識，而非迂迴、客套的相處。

Exposure Therapies　暴露治療法

　　暴露治療法是行為主義的治療技術之一。治療師在運用暴露治療法時，對於個案狀況的評估是相當重要的；暴露治療法是讓個案暴露在自己害怕的情境中，藉由在該情境中採取不同的因應方式，來解決此一困擾自己的問題。「現場洪水法」、「現場系統減敏感法」皆是暴露治療法的類型之一。

　　暴露治療法的基本原理在於讓個案體驗最嚴重的刺激情境，讓當事人發現自己還未被擊垮，因此能夠解決個人困擾的問題。

Expressive Therapy　表達性藝術治療

　　表達性藝術治療期望將人們潛藏在內的創造力激發、藉由治療師的協助運用藝術（Art）、繪畫（Drawing）、遊戲（Play）、沙盤工作（Sand Tray Work）、寫作（Writing）、說故事（Storytelling）等方式，來幫助案主將其無法說出（Unspoken）或是尚未解決（Unresolved）的衝突以非語言的方式表達出來。這些方式亦可以滿足人們自我表達（Self-expression）的需求。表達性藝術治療可以讓人們的認知（Cognitive）／智性（Intellectual）、情緒（Emotioanl）／情感（Affect）、創造力（Creativity）／靈感（Inspiration）都得以重新復甦。達到自我探索、自我瞭解和自我整合的內在成長與療癒。

Externalizing　外化

　　外化是敘事治療的重要技術之一。外化是指治療師經由和個案的合作談話後，雙方共同將歸於個人內在的問題給予外化，也就是問題歸問題、個體歸個體，將人跟問題分開，其目的在於協助當事人以不

同的距離和角度看待自己的問題，進而建構出更具有詮釋性與意義性的生命故事。一般諮商師會在當事人述說自己生命故事的過程中，幫助當事人外化問題，這個過程可以協助個案重新找回自己的能力和對生活的掌握。例如，當孩子面臨選校、選系或選工作的問題，如果與父母溝通出現歧異，很容易傷害親子關係，諮商師運用外化的技術，將造成親子之間的誤會，用「這都是選擇的問題」來將問題外化，創造空間讓親子一起解決問題，而不是認定是個案內在的問題。這樣的觀點有助於問題解決。

Extinction 消弱現象（行為）

消弱現象是行為學派的重要概念之一。消弱不同於增強在談論如何建立新的行為，而是相對的在談論如何去除行為，在古典制約中，重複出現制約刺激而導致制約反應逐較消除的現象；在操作制約中，當增強作用發生於前一次增強所產生的反應時，消弱現象便會發生。

例如治療一個對於皮件恐懼的婦人，治療者建議其家人不要過份關心她的反應，並且不要去嘗試對這位婦人加以注意和治療。隨著這種注意增強效果的終止，也將使得她的恐懼症趨於減弱。消弱的機制在於讓刺激與關注間的關係減弱，以達到行為改變的基礎。另一種較為有名的消弱是「系統減敏感法」（System Desensitization），用逐步的方法，對目標物之負向反應進行消弱。

Eye Movement Desensitization and Reprocessing（簡稱EMDR）眼動心身重建法

眼動心身重建法是由Franch Shapior於1990年代結合多種治療方法與配合規律眼球運動及對大腦進行雙測刺激創力而成，其功用主要用

於治療當事人在創傷事件中所承受的壓力與記憶，其目的是協助當事人重建因創傷事件所帶來的認知與訊息處理歷程。此技術共計有八個步驟：

1. 蒐集資料：蒐集當事人在創傷壓力事件中的相關歷史資料。
2. 合作關係：建立合作的治療關係。
3. 衡鑑階段：評估創傷記憶內容、情感、身體感覺，建立正向認知。
4. 實施系統減敏感。
5. 建立階段：建立並增強新認知，藉此取代負面認知。
6. 交替階段：完成正向認知後，諮商師讓當事人同時交替想像創傷事件與正向認知，並確認身體的緊張程度。當當事人回憶創傷事件並能夠伴隨正向認知，同時身體的緊張程度幾乎感受不到時，便可以停止身體上對緊張感受的覺察。
7. 維持階段：教導當事人放鬆訓練、日記記錄困擾經驗、冥想等技術，協助當事人在治療室外的情境中維持穩定。
8. 再評估階段：每次療程開始，皆和當事人一同評估之前的治療成果。

　　眼動治療法在創傷後壓力症候群（**PTSD**）、性侵害以及暴力侵害的個案上有很好的應用和療癒效果，個案在經過八到十二次的療程後，都可以有效減少其焦慮和降低生活中喚起創傷記憶的頻率。

　　Shapiro後來曾以系統簡敏法和訊息處理理論的原理來說明眼動治療的理論路徑與成效原因。眼動治療法後來曾被修正為歷程更新療法（**Reprocessing Therapy**），最後被定位為調適訊息歷程（**Adaptive Information Processing**），簡稱**AIP**，在臺灣目前已有EMDR學會的成立。

E

F 字母之解釋名詞

Family Atmosphere 家庭氣氛

　　家庭氣氛是家族治療學派的概念之一。家庭氣氛係由家庭成員之間互動關係所組成的獨特氛圍，其受父母的教育程度、對子女的養育方式、子女天生氣質等多重影響而成。家庭氣氛會凝聚出一種獨特的家庭力量，影響著家庭中所有成員，通常父母在家庭中扮演著兩性間相處的模範、如何工作、與他人相處的指標，在家庭氣氛的凝成中扮演主要角色。

　　例如，夫妻間對於事情有不同看法時，以討論、表達自己感受代替爭執與暴力相向，夫妻傳達出的民主與對異質聲音的包容，讓孩子知道可以表達自己的意見、想法，也營造出民主、溫和、開放溝通的家庭氣氛。

Family Constellation 家庭組成／家庭星座（阿德勒）

　　家庭組合又稱「家庭星座」，是阿德勒學派的重要概念之一。阿德勒學派重視家庭動力，「家庭星座」的基本概念認為幼年的手足互動影響未來，同時，每位家庭中的孩子，在家庭系統中的社會結構與心理結構會因為出生排行而有所差異。家庭星座中有：老大、老二、老么、中間、獨子……等不同類型，不同類型的心理感受與孩子所占的地位有密切關聯，此外，手足特徵、彼此的互動，甚至父母與子女的關係、個人對自己的知覺等都會影響個體的心理結構。

　　家庭星座是Adler學派用來衡量當事人的生活型態技術之一。Adler

相信家庭是塑造人格的主要場所，藉由出生序、手足關係、父母關係等，建立出當事人團體的社會心理結構，有助於協助當事人找出基本錯誤信念，從而進行再教育。Adler學派諮商師會使用「誰是家中最受寵的小孩？」「爸媽的感情好不好？」等問句協助建立當事人的家庭星座。

Family Diagram　家族圖

　　家族圖是一種圖示家庭內涵的治療呈現，用來瞭解家庭成員間關係、重要家庭記事的方法，此技術特別受Bowen系統的跟隨者所廣泛使用。由於家族治療學派假設個體問題受到家庭影響，具有「代間遺傳」的特性，因此治療師蒐集來談家庭配偶各自延伸三代的原生家庭成員間的狀況，諸如：職業、教育程度、成員間關係、特殊病史等，藉以瞭解家族的關係脈絡，並瞭解家庭演化情形，藉此評估各配偶融入婚姻家庭的狀況。

　　例如，家族治療師從先生自述的原生家庭資料中，看到先生因為小時後曾目睹父親家暴，所以父子關係處於緊繃狀態，對其在婚姻關係中，每當夫妻爭吵時，就會摔東西出氣，引發更緊張的夫妻關係，並且也不知道怎麼和自己的孩子進行親子互動。在家庭圖中就可以用鋸齒折線來表示。

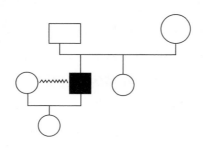

Family Mapping　家庭地圖

不同於家庭圖探討個體三代間的家庭狀況，家庭地圖是Minuchin在1974年開始，結合了McGoldrick、Gerson以及Shellenberger的想法所用來圖示個體家庭結構的方式。如同地圖上標示街道一般，家族治療者在製作家庭地圖時，會明確的界定出家庭成員間的界線如何、溝通型態如何、彼此親疏狀態如何，其目的用來釐清家庭間的動力與性質。

Family Reconstruction　家庭重塑

家庭重塑是Satir在家庭溝通治療中所使用的技術之一，其目的是促使劇中主角探索原生家庭三代間的重大事件，並進一步引導案主解決受原生家庭所影響的不良關係型態。家庭重塑的方式，是由身為導演的治療師引導主角回溯過去原生家庭，並讓主角邀請其他成員參與演出，模擬主角原生家庭的生活，在演出的過程中，導演從中協助主角找到新的意義。

Family Rule　家庭規則

家庭規則是家族治療的重要概念，用來形容個體家庭成員間「重複性行為模式」的家庭互動。家庭規則是一種沒有說出口，但是大家都遵守的家庭互動，受文化、環境脈絡影響很大，家庭規則的內容與運作方式可能是健康的或是不健康的。例如，「嚴父慈母」、「有事只向母親說」等家庭規則，可能會讓該家庭成員在互動時，父親表現出較為權威、承擔家計；母親表現出較為順從、負責打理家裡和解決問題的一面。

F

Family Schema　家庭基模

　　家庭基模是指家庭成員經年累月中，經由互動歷程中所形成對事物的共同想法、認知。Dattilio 1990年代提出個體內在的家庭基模有兩種來源：「原生家庭」、「現在的家庭」，而原生家庭所組成的基模會影響現在家庭的基模形成，而這些對事物認知的基模會影響個體在家庭中的所思、所感，當原生家庭基模的差異性越大，容易造成個體在現在的家庭中認知、思考上面臨越大的挑戰。

　　例如，一位從小吃素的女性，從原生家庭中學得吃葷如同殺生的基模，長大後嫁入一個沒有吃素的家庭，其原有家庭基模就受到了挑戰，也影響了自己和婚姻家庭中的成員吃飯時的互動。

Family Sculpting　家庭雕塑（家族）

　　「家庭雕塑」，是家族治療中Satir學派所使用的技術之一。Satir認為個體有「討好型」、「指責型」、「打岔型」、「超理智型」等四種因應壓力的關係互動方式，因此，在進行家族治療時，除了檢視三代家庭的生活外，並把過去的互動關係型態帶到目前的生活中，而家庭雕塑，就是這樣的技術之一。家庭雕塑是治療師根據每位家庭成員在家庭中的互動關係，請家庭成員用身體排列出在家庭中的溝通姿勢，藉由這些具體的身體姿勢，讓家庭中界限、互動模式浮現，變得清晰，在這種靜態的身體雕塑中，協助家庭成員覺察家庭互動方式，進而朝向良性的改變。

Family Structure　家庭結構

　　Minuchin認為家庭結構是由一系列隱微、看不到的家庭規範、功

能、次系統、次系統運作模式所組成，影響著家庭成員間互動方式。治療師欲瞭解該家庭的結構，其觀察的重點在於「誰」對「誰」用什麼樣的「方式」（如規則、態度、要求）說了些什麼，而接收者又是用什麼樣的「方式」回應這些話，並產生了什麼樣的結果。也就是說，治療師除了傾聽家庭成員談話的內容外，更進一步的瞭解背後的「歷程」，從歷程中理解家庭運作結構。

　　例如，當家庭中妻子每次抱怨先生下班後不幫忙一些家務事、照料小孩，只顧自己看電視，先生對於妻子的抱怨，總是低頭不語，而女兒面對這樣的狀況，就會幫著媽媽抱怨爸爸。這個家庭結構中，可以看出子女涉入夫妻次系統，並且家庭談話的歷程中，帶有「曖昧溝通」的家庭結構。

Family Subsystems　家庭次系統

　　家庭次系統是組合成家庭的基本元素。Minuchin認為家庭中包含配偶次系統、父母次系統、手足次系統、延伸次系統。結構學派的家族治療，認為家庭會有困擾的成因在於家庭次系統間結構混淆、界線不清楚。因此，治療目標在於讓不同的次系統中能夠有自己的運作功能與完成自己系統內的任務，也就是讓次系統間的界線、結構能夠完整。家庭中的不同成員，在不同的系統中會有屬於自己的角色與功能，同時次系統也受性別、年齡、興趣等影響。例如，一位在父母次系統中扮演母親、在配偶次系統中扮演妻子、在原生家庭次系統中扮演長女、在社區次系統中扮演義工媽媽等。

Family Systemic Investigation　家庭系統檢查

　　家庭系統是社會體系中的副系統，係由「生活價值」、「關係組

合」、「權力運作」、「生活規則」、「氣氛」等五個副系統所組成。此外，家庭系統論治療師的觀點認為個體的行為反應其原生家庭的內在信念與價值，因此，經由檢視個案前述五個副系統，有助於對其家庭有某種程度的認識，而此檢視歷程便稱之為「家庭系統檢查」。

Family Therapy　家庭治療

　　家庭治療為心理治療領域開啟了一個革命性的觀點。不同於過往各學派以個案為單位的治療模式，家庭治療認為個體會出現症狀，是顯示出家庭的運作系統出現狀況導致。因此個案的問題可能是「為了符合家庭的某種功能」或是「反應出家庭世代流傳下來的失功能運作模式」。

　　依據焦點不同，家庭治療學派計有「阿德勒（Adler）學派」、「Bowen多世代取向」、「Satir人際效能歷程」、「Whitaker經驗／象徵取項」、「Minuchin結構取向」、「Haler和Madanes的策略取向」，其背後共通的假設是個案和自己的生活系統緊緊相連，系統中某一部分改變，將連環影響其他部分的改變，因此要從個案的家庭成員間的互動模式來瞭解、評估當事人整體的人際關係、問題成因。

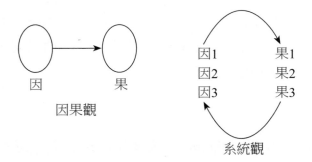

因果觀　　　　　　　　系統觀

家庭系統治療的觀點中，不強調因果推論，而認為家庭問題是雞生蛋、蛋生雞的問題，很難指出問題原因始於何處，原因和結果是相互創造的，這也是家庭系統觀的重要論述。

Fantasy Technique　幻想技術

幻想技術又稱為「引導式幻想」（Guided Imagery），是心理學各學派經常使用的技術之一。在生涯諮商的應用上，Morgan和Skovholt做了系統性的整理，其步驟為：

1.引導：諮商師初步讓當事人瞭解何謂幻想技術。

2.放鬆：諮商師經由放鬆練習的引導，引導當事人進入一種舒服、平靜的放鬆的狀態。

3.幻遊：依據諮商師是否有和當事人進行對話而區分為「靜默式」與「交談式」兩種；靜默式是指諮商師以輕柔的語調協助當事人進入生涯幻遊當中，交談式則類似於諮商情境中的對話歷程。

4.歸返：完成幻遊後，諮商師協助當事人回到此時此地。

5.討論：諮商師本著「不做解釋」的基本態度，提供支持性的氛圍，協助當事人敘說幻遊歷程中的經驗與感受，並與之討論。

在生涯諮商上的應用價值有下列數端：反應當事人豐富的內在經驗、提供新的價值評量方法、消除當事人過度防衛、協助其進入諮商情境、刺激當事人的直覺經驗。

Feminist Therapy　女性主義治療

賦權（Empowerment）為女性主義治療的主要目標，影響到女性的自我接納、自信、自尊、價值和自我實現等面向。案主可能可以藉由女性主義治療獲得全新看待世界與回應世界的方式。於治療中，案主

可能改變的不只是生活的調適與問題解決策略，同時他們對周遭世界的觀點、對自我的感受，以及其他人際關係都可能會有重大的轉變。

Fictional Finalism　虛構的目的論

虛構目的論為阿德勒學派的概念之一。個體心理學認為個體行為受到想像中的目標牽引，具有某種目的，而個人最終的目標是於此時此地建構出來。Adler認為人活在自己認為世界應該是如何運作的虛構情節中，其代表個體對安全感的自我設定，並且是他在任何情境下努力的方向。

例如，一位認為自我的價值在於懸壺濟世的個案，會因為這個學醫的目標因此努力不懈的唸書，期待自己未來能夠進入醫學系就讀。

Field Theory　場地理論

場地理論是完形學派的理論基礎。完形學派認為個人的行為需從環境、脈絡中才能瞭解，明白相互關係。治療師必須注意個案形成此時此刻的歷程，及個案如何因應環境、抗拒接觸、自我調整……等，才能瞭解個案發生的事件。

舉例：某人在喝水時，忽然拿筷子往杯子裡面撈，周圍的人看得一頭霧水，只有在她身邊的朋友看到杯子裡面有一隻螞蟻，才明白此人的動作是具有意義的。

Figure and Ground　形象與背景

形象與背景是完形學派的基本重要概念之一。Figure（形象）是

指浮現引人注意的焦點；Ground（背景）是指背後未分化的場域。形象與背景是個體組織環境的重要歷程，受個人主觀需求影響，如果個人的形象與背景無法自由流動、互換，就會僵住，甚至成為「未竟事務」而影響個人。

例如：一張圖片所欣賞處、著眼處為目標形象，其他為背景。藍天中看到飛翔的老鷹，前者為背景，後者為形象。如果將焦點放在藍色的天空上，藍天就變成形象；而老鷹就變成了背景。日常生活中上課看黑板，則同學、教室環境等皆為背景。形象和背景會因觀看人的焦點不同而自由流動和交換，如果一個人的形象和背景無法自由流動，只能專注於某一形象時，當事人的人生就會卡在未竟事務上。

Finalism　終極目的論

見Fictional Finalism（虛構的目的論）。

Fixation　固著

固著指的是慾力（力比多，libido）牢固地附著在某人或某內在影像上；或讓自己停留在某一個發展階段上，維持某種特殊的組織結構，並藉此得到某種滿足。於是個體可能維持某個發展階段特有的依附型式、對象選擇及客體關係，還有滿足自己不同需要的方式。

Flooding　洪水法

洪水法是行為治療學派有關於「暴露治療法」的技術之一。行為治療法對於個體適應不良的成因，假設為高度恐懼的個體為了要減緩

內在焦慮，而採取了不適當的行為，因此洪水法的特色是讓個案暴露在會讓自己感受到焦慮的情境中，但個體內在所害怕、擔憂的後果卻沒有產生。洪水法技術的進行方式就是讓個案以想像（亦即想像洪水法）或是真實接觸引起焦慮的刺激情境（現場洪水法）的方式，長時間暴露在會引發焦慮、擔憂的刺激中。

例如一位男士，小時候五、六歲時在外婆鄉下的大空地玩耍，曾經被一群附近的野狗追，更被其中一隻咬到，在其他野狗圍上來時，長輩適時的出手相救，但從此以後對狗有莫名的恐懼。長大後，男士因為論及婚嫁的女友欲在婚後將心愛的兩隻愛犬帶到新家而產生莫大的焦慮因此來談。治療師藉由洪水法的技術，讓個案到寵物店去和狗接觸，但是想像中被狗追咬、害怕的後果沒有產生，而漸漸放下對狗的恐懼與焦慮。

Flower Essence　花精療法

花精療法是屬於自然療法的一種，整個花精療法的開展主要是源自於1930年代，由英國醫生Bach醫師（Edward Bach, 1886-1936）所倡導的，Bach醫師曾經用六年的時間，在英國的威爾斯民間廣泛的蒐集各種植物的用藥配方，Bach醫師利用天然乾淨的山泉水，以日曬或煮沸的方法粹取植物的共振能量，再加上等量的白蘭地予以保存，總共完成38種花的花精，此即為花精母劑（濃縮花精）。

Bach認為花精並不直接治療生理上的疾病，而是治療不同的情緒障礙，回復個案心理力量。他認為花跟人同樣都會表現一個有機體在宇宙大自然當中生存、延續後代的過程。由於花的生命週期比人短，而花又在定點，可能是觀察宇宙間的有機體最好的生命表現的對象。Bach醫生主要利用38種巴哈花精的組合，探索人們的七大類負向情緒的治療，他所假設的花精與相關內在情緒轉化如下：

1. 對他人福利過度關心：菊苣（Chicory）、馬鞭草（Vervain）、葡萄（Vine）、山毛櫸（Beech）、巖水（Rock Water）可以有幫助。

2. 沮喪、絕望：楊柳（Willow）、落葉松（Larch）、松（Pine）、海棠（Crab Apple）、橡樹（Oak）、榆樹（Elm）、聖星百合（Star of Bethlehem）、甜栗（Sweet Chestnut）可以有幫助。

3. 對影響或想法過度敏感：胡桃（Walnut）、龍芽草（Agrimony）、矢車菊（Centaury）、冬青（Holly）可以有幫助。

4. 孤傲（獨）：鳳仙花（Impatient）、水堇（Water Violet）、石楠（Heater）會有幫助。

5. 對目前現狀沒有充足的興趣：橄欖（Olive）、鐵線蓮（Clematis）、忍冬（Honeysucle）、白栗花（White Chestnut）、栗樹芽苞（Chestnut Bud）、芥末（Mustard）、野玫瑰（Wild Rose）會有幫助。

6. 不確定：水蕨（Cerato）、線球草（Scleranthus）、龍膽草（Gentain）、荊豆（Gorse）、野燕麥（Wild Oat）、鵝耳櫪（Hornbeam）會有幫助。

7. 恐懼：構酸醬（Mimulus）、岩薔薇（Rock Rose）、白楊（Aspen）、櫻桃李（Cherry Plum）、紅栗花（Red Chestnut）會有幫助。

　　因為世界各地每個地方的花並不相同，所以花精的數量和內涵也會不同，目前除了英國Bach花精，也有北美花精、澳洲花精和臺灣花精，目前臺灣已經有花精學會的成立，而且名為祁光空間的機構持續在臺灣蒐集並推廣臺灣花精。

Focus Interview　焦點詢問法

　　焦點詢問法在生涯諮商上的應用是諮商師用來協助當事人覺察自

己在生涯方面的自動化信念之技術。焦點詢問法是諮商師藉由一連串的循環問句，協助當事人覺察自己內在關於生涯方面的自動化信念，其具體步驟如下：

1.諮商師從當事人的負面情緒開始詢問當事人負向情緒的成因。

2.諮商師詢問的焦點在於事件的發生是怎麼讓當事人產生負面的情緒。

3.當當事人的回答與之前相似時，諮商師須協助當事人找出不同的答案。

4.諮商師藉由焦點詢問法一層層如同剝洋蔥般的剝下去，直到當事人的內省重複出現為止。例如：

諮商師：「什麼事情讓你生氣？」

當事人：「我男友遲到讓我覺得很生氣。」

諮商師：「為什麼男友遲到會讓你感到生氣？」

當事人：「因為這會讓我覺得他不重視我們約好的事情。」

諮商師：「為什麼約好的事情不被重視會讓你生氣？」

當事人：「因為這樣不守信用。」

諮商師：「為什麼不守信用會讓你生氣？」

當事人：「一個不守信用的人，做事情怎麼能讓人放心？」……

諮商師藉由焦點詢問法協助當事人覺察自己在生涯上的自動化思考與價值觀，有助於個體重新思考此自動化思考對自己在生涯行動上的影響。

Four Counseling Process Stages　諮商歷程四階段

諮商歷程四階段為樊雪春所提出，主要是以起、承、轉、合四種階段表達諮商的過程。「起」代表諮商的目標與開啟，「承」代表問題的原因和發展，「轉」代表問題狀態的轉化與轉變的過程，而「合」代表個案應用轉變於現實生活的情形。每一次的諮商都盡可能

涵盡四個階段，達到個案改變的最大可能。

Free Association 自由聯想（精神分析）

F

　　精神分析學派計有「維持分析架構」、「自由聯想」、「詮釋」、「夢的解析」、「抗拒分析」、「移情作用的分析」等六樣治療技術，用以協助個案潛意識意識化。其中「自由聯想」是打開潛意識的慾望與衝突大門的基本工具，治療者讓個案在分析時，不論話題是多麼的荒謬，就持續不停的談及每件剛想到的事情，讓潛意識的感覺不斷地進入思想。當這些潛意識的感覺已能讓個案所覺察或接受時，治療者會將話題中與潛意識幻想內容有關的線索串聯起來，形成有意義的詮釋，協助個案覺察其內在潛意識中的感受、想法。此外，當自由聯想的過程中，個案出現中斷、阻礙的現象時，通常是具有意義的，比方說該議題伴隨著焦慮，因此，治療師可留意此一現象，並進一步詮釋給個案，協助案主覺察。

G 字母之解釋名詞

Games of Dialogue　對話遊戲

對話遊戲是完形治療法的實驗方法之一。諮商員利用雙重角色或單一角色的對話遊戲，讓個案在對話中呈現內在的衝突。空椅法是此實驗當中最基本技術。通常治療師在發覺到當事人內在兩種對立、競爭的衝突時，會讓個體內在強勢部分（Top Dog）與弱勢部分（Under Dog）同時現形於兩張椅子上，即為雙椅法。若諮商師是引導個案對已經逝去的重要他人表達未完成事件，則可以用單一空椅法，令當事人想像重要他人坐在其上與之對話，此時則稱空椅法。

Gender-role/Social Role Intervention　性別／社會角色介入

性別／社會角色介入是女性主義治療的重要概念，主要是協助個案從社會及文化脈絡中，去看自己目前性別身分所遇到的問題。透過理解被標籤化的刻板身分，例如：好太太、好媽媽、好同事、好主管等觀念，覺知性別與社會脈絡中，他人和社會期待對自身情感、思考和行為的影響。進一步將他人和社會的期望和自己真實的需求分別開來，使個案能夠脫離外界角色刻板的期待，對自身性別及身分的狀況有所洞察，而能創造出自身的獨特成長軌跡，成為女性角色的楷模。

Gender Schema　性別基模

性別基模由Sandra Bem提出，此一觀點為女性發展提供了新的視

野。依據Sandra Bem的說法，某些社會覺得女性合宜的行為，就稱之為「女性化」；反之適合男性的，就稱之為「男性化」，而孩子就從社會裡學到對性別的看法，並且將這個看法套用到自己的身上，形成自己的「性別基模」，即對自己性別的看法與認知，並運用這樣的基模來理解生活中發生的事情。

女性主義治療者Sharf曾提及治療者應多覺察性別基模對自身與個案所造成的影響，協助個案覺察其對自我認同的阻礙，脫離其刻板印象。

例如，治療師協助女性個案看到自身受「女子無才便是德」的性別基模影響，而不敢繼續追求自己課業上的精進。此外，有許多的女性在面臨擔任主管職務時，因為在多數女性的性別基模中，並沒有成為主管者的認同，因此會帶來焦慮和恐懼。

Gender-Sensitive　性別意識敏感

性別意識敏感是女性主義打破傳統諮商概念的重要貢獻之一。女性主義治療取向將治療重心放在「性別意識覺醒」上，其中，性別意識敏感是指協助個案覺察成長過程中，自己從社會所吸收、學習到的性別角色對自己的影響，並進一步協助個案意識到這個性別角色對家庭、職業選擇、生涯規劃上的影響。

例如，協助一位男性敏感自己受性別意識影響，在妻子面前不展露自己疲憊的一面，對於職場的規劃，捨棄育化學子的國小老師，轉而成為商場上白領階級的研發人員。

Gendercentric Theory　性別中心理論

　　Worell和Remer描述了傳統理論的六個特徵為：「男性中心理

論」、「性別中心理論」、「種族中心理論」、「異性戀中心主義」、「內在心理取向」、「決定論」。其中，性別中心理論認為兩性在發展的歷程中，因為本身本質上的差異而造成完全不同的發展途徑，致使兩性間行為存有差異性。然而，在「性別中立」的理論中，對於兩性發展過程所形成的行為差異，是受到「社會化」過程中，文化對於兩性行為該如何舉止有所不同看法所形塑出來的，並非兩性先天本質差異所造成的。

　　例如，女孩表現出文靜的特質是因為當小女孩表現出活潑好動時會被家長認為女孩子應該溫和而禁止所養成，而非本質上就是文靜的特質。

Genital Stage　性器期／兩性期（精神分析）

　　Freud將性心理發展根據性慾區來界定，分為「口腔期」、「肛門期」、「性器期」、「潛伏期」、「兩性期」等五個性發展階段。其中，「性器期」又稱性蕾期，是屬於三至六歲兒童發展階段。此時期的兒童透過自我對身體的運用和摸索而獲得快樂，並將注意力大多集中在性器官上，此時期性活動是非常強烈和好奇的，因此是性器期或性器組織（Genital Organization）第一次活躍時期。性器期第二次活躍時期是在青春期，所以才又被稱之為兩性期。Freud最早的想法裡，性器組織的概念指涉的是青春期的性心理發展，於是有些精神分析學者認為應該把這詞專門限定在青春期，而這之前的都是前性器期（Pregenital Organization）。

　　兒童從本時期開始探索他們的身體，他們想仔細地察看身體以發現兩性的差異，兒童的摸索是正常的，因為許多對性的看法起始於性器期，因此對性的瞭解和性衝動的處理是很重要的，同時也是兒童學習道德規範形成超我的時候。

此時，如果父母教導孩子性的衝動是邪惡、不被允許的，兒童就學會對天生的性衝動產生罪惡感，這會產生閹割焦慮及陽具羨慕，罪惡感會延伸到成年，阻礙個體在親密關係中的性親密。

性器期最後的發展階段是戀母或戀父情結，前者是男孩想擁有母親而排除父親，而戀父情結則是女孩想擁有父親而排除母親。戀母情結因閹割焦慮和對父母的認同作用產生超我而消失，戀父情結則因成熟及對父母的認同作用產生超我而壓抑了此種衝動。

Genogram 遺傳圖譜／家庭圖（家族）

遺傳圖譜又稱為家庭圖，是家庭治療的重要技術。家族治療師藉著蒐集家庭至少三代以上的資料，使家庭其他成員與治療師能夠瞭解家族情感歷程中的轉捩點如：家庭其他成員的出生、死亡、結婚、宗教、社經地位等重要家族中發生的大事情。

家庭圖的功用是治療師用來理解家庭中一代一代間重複發生的家庭型態，以及背後可能的動力，藉此訂立合宜的諮商目標，協助家庭將不良的家庭型態加以改善、調整。

Genuineness 真誠

「真誠」、「無條件的接納」、「同理心」是個人中心學派認為治療師應有的重要態度。其中，真誠係指治療師能夠沒有偽裝、非社交性的在晤談中接納案主。當個案感受到治療師不是因為其他外在因素而評斷自己，而是發自內心真誠、接受自己，那麼個案也將放下防衛，誠實的看待、接受自己。

Rogers認為真誠的態度是諮商過程中最重要的態度，如果沒有真誠的態度，接納和同理心都失去意義，會變成一種虛假的關懷。

Gestalt　完形

　　完形強調「環境和個體當下的互動脈絡的彼此影響」，也就是個體主觀知覺到的背景與形象能夠流動而不僵化固著、個體能夠不斷的成為（Becoming）新的狀態、再框架與再發現、覺察、接納自我，形成一個源源不絕的「完（圓）形狀態」。完形治療是以存在／現象學取向為基礎的心理治療，Perls夫婦在1940年代開始發展出來完形心理治療。完形治療的幾個主要概念為：

1. 整體觀（Holism）：完形治療學派強調「整體大於部分之和」，要瞭解一個人，必須從一個人的感覺、行為、身體、思考、夢等全盤考量。

2. 場地理論（Field Theory）：強調瞭解一個人要將個體所處環境、文化、脈絡等背景考量進去。

3. 此時此刻（Here and Now）：完形治療學派相信「力量存在於當下」，因此強調當事人與當下的人、事、物進行接觸，又或者將過去未完成的感受帶到治療室當中經歷、處理。

4. 未竟事物（Unfinished Business）：指明顯保留在個人內在未經表達的各種過往情緒，當情緒的力量過於強大時，將阻礙個體與現實環境做真實的接觸。

　　完形治療的基本假設認為當個體能充分地覺察周遭所發生的事實，便能從環境中自我調整、自我接納，因此完形治療目標不在於分析，而是增進當事人對環境的覺察與接觸，協助當事人重新接納、擁有被丟棄的部分自我，成為整合的自我。

Grid Technique　方格技術

　　方格技術是生涯諮商所使用的技術之一。所謂方格技術是「用以評量建構之間關係的組合測驗，可以用矩陣形式列出主要的數據」，

可以運用統計分析方法加以分析，並進一步解釋個人的職業建構。

Grief Therapy　悲傷治療

　　悲傷治療是指諮商師協助無法處理個人失落經驗的當事人完成哀悼歷程、回復正常生活功能，從而有能力統整失落經驗，從中獲得成長的心理治療理論。悲傷治療的目標在於協助當事人完成哀悼階段、處理內在未竟事物，諮商師在進行悲傷治療的歷程中，有以下四個任務要達成：

1.第一個步驟是提升當事人面對失落親人或好友的現實感。

2.協助當事人面對失落所造成生理和心理的痛苦和認知影響。

3.協助當事人重新適應失落後的世界，並找回自己的精力。

4.協助當事人走出失落情緒、建立新的人際關係。

Group Therapy　團體諮商

　　團體諮商是一種經濟的諮商方法，也是一種動力的人際過程，目的在於透過和團體成員之間的互動和領導者的催化，讓參與團體的成員對團體產生凝聚力與歸屬感，進而協助團體成員更瞭解自己、接納自己、瞭解他人，並進一步減輕個體內在困擾，使個體人格和行為都能夠獲得改變和成長。

　　團體諮商的聚會頻率，因團體性質而有所不同。在團體諮商的歷程中，成員間在彼此各種經驗錯綜複雜的交互作用下，團體諮商可以為成員帶來不同的改變，這種複雜的交互作用，Yalom稱之為「療效因子」（Theraptutic Fcactors）。Yalom提出團體諮商中十一個療效因子，用來說明團體的有效性，其因子內涵如下：

1.灌輸希望（Instillation of Hope）：意指領導者在團體過程中灌輸成員

樂觀感和希望感，或由舊成員分享成功經驗。此因子有助於成員對團體療效產生正面預期。

2. 普同感（Universality）：由於人的問題在本質上有許多類似之處，故成員在經驗分享時會逐漸產生普同感，而使原本自覺獨特、社會孤立的成員經驗到回歸人群及被接納的感受。

3. 傳達資訊（Imparting of Information）：由領導者或其他成員在團體中提供忠告、教導或建議。在一些病友團體或自助團體中，資訊的提供、交換將有助於成員對問題產生新的看法或因應策略。

4. 利他主義（Altruism）：指成員能在相互關懷、建議、分享的團體經驗中受益，尤其對於某些自覺無價值感的成員，此療效因子有助其獲得撫育他人的機會，並產生被需要感。

5. 原生家庭的矯正性重現（The Corrective Recapitulation of the Primary Family Group）：由於成員多是帶著原生家庭經驗進入團體，故當成員的早期生活經驗在團體中重現時，可透過團體歷程協助成員重新探索，進而達到修通目的。

6. 發展社交技巧（Development of Socializing Techniques）：指透過鼓勵成員真誠回饋或角色扮演等方式，協助成員培養基本之社交技巧。

7. 行為模仿（Imitative Behavior）：指成員可透過觀察領導者或其他成員之行為表現及結果，產生替代性治療或行為模仿。

8. 人際學習（Interpersonal Learning）：成員能在如社會縮影般的團體中，透過冒險、自我揭露、一致性確認、他人回饋及此時此地的運用等團體過程，修正對人際關係的毒性扭曲知覺，進而產生洞察及適應性循環。

9. 團體凝聚力（Group Cohesiveness）：團體凝聚力意指促使成員留在團體的所有力量，一個凝聚力高的團體將有助於成員在其中修正扭曲的人際關係及提升自我價值感。

10. 情緒宣洩（Catharsis）：指成員能在團體中說出困擾、自我揭露或表

達對其他成員的正負向感受，而領導者也必須適時將被宣洩的感受予以意義化。

11. 存在性因子（Existential Factors）：指成員在團體中意識到無論得到多少指導或支持，自己仍必須為自己的存在方式負責。另一方面，團體也提供成員向外尋找意義的機會，即成員透過照顧、關懷他人獲得意義感，這是單純內省尋求存在意義所容易忽略的部分。

Guided Imagery　引導式幻想

同Fantasy Technique（幻想技術）。

H 字母之解釋名詞

Halland Code　何倫碼

　　有鑑於個體與職業間適配性的問題，Halland於1985年發展了一套檢驗標準，來診斷個體和環境的各種現象，其目的是用來協助個體探討自己的興趣、個性和職業間的關係。依據Halland的假設，大多數的個體的興趣和個性可以被歸納為「實際型」（Realistic Type）、「研究型」（Investigative Type）、「藝術型」（Artistic Type）、「社會型」（Social Type）、「企業型」（Enterprising Type）和「傳統型」（Conventional Type）等六型。生涯諮商師對當事人施與生涯興趣量表的施測與計分後，會得到前述六個類型的分數，最高分的三個，便是當事人的何倫碼，然後諮商師依據該何倫碼，對應其相關職業。

Health Psychology　健康心理學

　　健康心理學是在1980年代興起的新的心理學領域。隨著醫療發達，人們逐漸瞭解心理和社會因素也是導致疾病產生的因素之一，因而產生健康心理學。健康心理學是指從「生物心理社會模式」（Biopsychosocial Model）的觀點，從心理、社會與生物三方面的因素探討個體罹患疾病的成因，也就是結合了心理學與生物病理學的觀點，應用心理學的原理原則來維護個體身體或心理健康的學問。

　　目前健康心理學的研究已證實「高壓力情境會損害、降低個體免疫系統，進而危害個體健康」、「A型性格與冠狀動脈心臟病具正相關」、「C型性格與癌症具有正向關」等性格與健康之研究。此外，健

康心理學也研究促進健康的行為，一般認為有益於健康的行為習慣包括「和環境保持現實與良好接觸」、「擁有並樂於工作」、「發展正向關係」、「瞭解與自我接納」、「保持正向心情」等。

健康心理學在諮商領域上的應用，諮商師可藉由協助個案覺察自我所處環境、個性對自己健康的影響。例如，諮商師協助一位在銀行工作的當事人看到自己胃潰瘍的成因，包括三餐飲食不正常、常態性處於高壓力，像是要求辦卡業績的工作環境、自己個性急躁、追求完美等種種因素使然，透過運動、放鬆訓練和與家人溝通進而調整自己的步調，增進自我生理與心理的健康。

Heart Cards　療心卡

由周詠詩設計、遊藝心徑出版，共44張卡。為「正向型」牌卡、應用主題為自我探索。牌卡上有與心理狀態相關的牌義和相呼應的圖像。共分為滋養組及陰影組：陰影組可以提供問題的探索，滋養組則成為祝福與指引，混合使用時更可以看到目前狀態的樣貌。適於個別諮商與團體過程使用。

Here and Now　此時此刻

完形治療強調此時此刻，它認為當事人留戀過去就是在逃避體驗現在。Polster在1973年曾提出「力量存在於現在」（Power is in the present），因為往者已逝，來者尚未來臨，只有現在才是最重要的。為了有效幫助個案接觸現在，治療者常會以現在式的問句問「什麼」（What）和「如何」（How）的問題，而很少問「為什麼」（Why）的問題。完形強調「此時此刻」，主要有幾項理由：

1.個體除了經驗此時此刻正在做的事以外，不可能經驗到其他事。

2.個人的改變只能發生在現在，無法改變過去已發生或未來尚未發生的。

3.當個體存在此時此刻，便能察覺自己的需求，以及知道如何滿足。

4.自我的覺知也是存在於現在之中。

Heterosexism Orientation　異性戀中心主義

　　女性主義學者Worell和Remer提出「男性中心」、「性別中心」、「種族中心」、「異性戀中心」、「內在心理取向」、「決定論」等六大論點，說明傳統心理治療的特徵。其中，「異性戀中心主義」提到，傳統心理治療貶抑同性關係的價值與正當性，認為異性戀才是正常狀態。例如，過往DSMⅢ將同性戀視為心理違常的疾病類型之一，即是異性戀中心主義的例證之一。

Holism　整體論

　　整理論者將個體視為一個不可切割的整體，同時重視身體、情緒、心智、語言、思考與行為的整合，相信身、心、靈都是個體運作功能的一部分，治療時，不試圖區分某些層面或是部分，而是採用身體、心靈交互影響的觀點，瞭解個案的狀態。採整體論者，如阿德勒學派、完形學派者皆是。例如，阿德勒學派注重在個案的脈絡中瞭解個案的問題；完形學派的目標是協助個體重新整合被否定的自己，此皆整體論的概念。

Homeostasis　自動調適

　　自動調適是家族治療用來理解家庭動力的概念之一。當家庭中某成員的行為舉止影響家庭氣氛與動力運作，讓家庭出現失衡的情況時，家庭其他成員會有意無意的藉由一些舉動，來維持家中平衡的關係，此即「自動調適」。

　　例如，一位熱衷宗教信仰而在家庭中扮演缺席角色的母親，奶奶補位母親養育角色，照顧家中孩子的飲食與家事；子女有困難時則外求他人協助。這是一種在母親功能上的自動調適狀況。

Homework　家庭作業（理情；行為）

　　家庭作業是許多學派常用的諮商技術，在Adler、焦點解決短期諮商、認知、行為學派都經常使用的一種治療技術。家庭作業的實施方式是諮商師基於對個案的瞭解及治療目標，指派一些可行的活動讓個案在生活中實踐，並於晤談時討論其狀況與感受，其目的是讓個案瞭解到如果他們改變自己的行為，那麼，想法與情感也將跟著改變，並促使個案將諮商中的改變類化到生活當中。

　　舉例而言，諮商師指派一位不運動的個案每天晚上吃飽飯後去公園溜狗，讓個案從行為改變中理解到飯後的走路消化有助於身體的舒適度，可以有效減少孤獨在家的狀態，創造更多的外在資源連結。

HPH　健康、性格、習慣量表

　　國內臨床心理專家柯永河老師匯集多年在教學、研究、臨床工作及編制臨床診斷工具等方面的經驗，編制一套符合現代精神醫學診斷架構與DSM-IV診斷準則之臨床診斷工具，內容包括三大部分：三大類

型心理疾患罹患程度，包括精神病傾向、焦慮障礙（或精神官能症）傾向、人格疾患傾向；整體心理功能概況；以及心理健康程度和作答誠實度自評。施測目的包括了幫助個人瞭解目前的心理疾患傾向、整體心理功能與心理健康程度；協助治療者、諮商者等專業人員瞭解受測者的心理功能與診斷疾患症狀，以有效訂定與評估心理治療與團體訓練計畫。

測驗量尺部分，一共256題，採用六點量尺自我評量。本測驗一共分為四版（A、B、C、D版），共為27量尺，量尺內容簡述如下：A版，測量三種嚴重精神病傾向及自殺意念傾向，共4量尺；B版，測量來自焦慮的不同心理症狀，共5量尺；C版，測量人格疾患傾向之強弱，共9量尺；D版，測量心理功能與心理健康程度（需搭配其他版本使用），共9量尺。測驗適用對象： 12歲至成人（國中、高中職、專科、大學、社會人士）；施測時間：約50分鐘；施測方式： 紙筆測驗、個別測驗、團體測驗

Horticultural Therapy　園藝治療

園藝治療於十七世紀晚期在歐洲開始萌芽，目的是運用一些農場上耕種的活動，在各種病患身上應用以達到復健的效果。現今園藝治療是使用植物、花朵、蔬果等自然材料為媒介，利用室內或是室外的動態休閒活動來達到治療身心疾病的功效。園藝活動及其相關元素亦經常存在於受治療者以往的生活經驗當中，因此可搭配學習經驗模式來詮釋園藝治療理論架構。目前園藝治療已經應用在失智族群、特教族群、受刑人、一般社會大眾及專業助人領域。臺灣已經有園藝治療學習團體及相關園藝治療師專業訓練課程。

Human Validation Process　人性效能歷程

　　人際效能歷程是Satir家族治療理論中說明家庭運作的重要概念。Satir認為進行家族治療時，應檢視家庭中三代的重要生命事件（如出生、死亡）、成員間彼此關係、健康狀況⋯⋯等家庭生活，藉此進一步瞭解該家庭的家庭規則、溝通型態。當家族治療師蒐集到這些訊息後，可以理解家庭成員在面對壓力時，如何使用的防衛機轉、溝通型態，並協助家庭體驗此種家庭互動關係型態，經由重新體驗、覺察，讓家庭創造出新的溝通可能性。

I 字母之解釋名詞

I/Thou　我／你

「我／你」是存在主義學派的重要概念之一。「我／你」是由Buber（1970）所提關於諮商師與當事人雙方的諮商關係。「我／你」的諮商關係是一種平等的諮商互動，它打破諮商師與當事人的客觀、專業距離，讓雙方在「直接」、「交互」、「當下」的氛圍中進行心理治療。

基於反Freud將治療師視為位階比當事人高的地位，「I-Thou」的諮商關係強調真誠的我與你，共同在諮商的旅程上披荊斬棘，達到諮商目標，例如諮商師和當事人一同探索內在的困擾，一同承擔諮商的風險、一同計畫、商量諮商目標。

運用「I-Thou」的諮商學派多為「經驗取向」，如「存在學派」、「個人中心」、「完形治療」等，此外，「Adler學派」、「溝通分析學派」也視此諮商關係是重要的。這些學派的共通處是視諮商關係為重要的，並且認為此種關係有助於當事人的恢復。

Ice Break　打破僵局

對於初次晤談的諮商師與當事人之間，由於陌生感而有著一股焦慮、不自然的氣氛。所以諮商師在開始談問題之前先以一些打破僵局的對話，緩和當事人的情緒，使當事人能較輕鬆、自然的說出自己的困難。諮商師打破僵局的題材，需對當事人言行做入微的觀察，然後以溫和態度說出對當事人的體諒與瞭解。

例如，諮商師以溫和的語氣，在第一次晤談中，簡要自我介紹，拉近和當事人間因不認識而產生的距離，並說明來諮商時多少都會緊張，以此降低彼此的陌生感，而能建立好的談話關係。

Id　本我（精神分析）

本我（Id）、自我（Ego）、超我（Superego）都是精神分析學派對於人格的重要觀念。本我是所有本能的發源地，有一部分始於個體出生即有，有一部分則源自壓抑及後天獲得。本我是人格的原始樣貌，完全潛藏於潛意識當中，是無組織、盲目、精神心靈生活的主要泉源。

本我的功能在馬上為個體卸下緊張，恢復平靜的狀態，受「享樂原則」的支配，不惜一切代價滿足自身需求、減少緊張、避免痛苦、得到快樂為主；其限制為對現實情境是陌生的、沒有道德觀念，缺少邏輯的推理。

Identification　認同（精神分析）

認同是精神分析提出的一種心理歷程。「認同」是指個體在潛意識中藉由同化他者的某部分或某特質，讓這些特質變成自己的一部分。透過這個歷程，個體有可能完全或部分變成他所吸納的對象。在人格成形的過程中，此種心理歷程是必要的。它也常見於日常生活中，例如，運動選手在潛意識中認同自己運動項目中佼佼者的奮鬥過程，相信自己的奮鬥練習過程是有價值的，也會在運動場上有好的表現。

Identified Patient　指定病患（家族）

指定病患（Identified Patient，英文縮寫為I.P.）又稱為「代罪羔羊」，是家族治療中對家庭裡有症狀成員的稱呼。家族治療者認為表面上家庭為了某位家庭成員出現問題而來尋求家族治療，但其實該位有問題的成員是家庭中最忠心的一員，他藉由奉獻自己，用症狀來換取家庭成員彼此間的平衡。

例如，一位藉由翹家來維持父母婚姻的孩子，即為家庭問題中的「指定病患」，這名孩子藉由翹家來讓父母有意無意淡化兩人的婚姻問題，把焦點放在自己問題上，讓父母維持在一起的狀態。因此家族治療者認為要治療指定病患只不過是治標，必須經由治療家庭才能達到真正解決家庭問題治本的效果。

Id Psychology　本我心理學

本我心理學強調人格發展受本能、驅力影響、童年經驗而塑造出來。古典精神分析學派即以本我心理學為出發，說明出生0至一歲的嬰兒受本我影響，行為目的為「享樂原則」，隨著年紀增長、父母管教，漸次發展出具有現實原則的自我與道德原則的超我。

Immediacy　立即性

針對諮商關係或過程中雙方所發生的一些狀況作一種立即的、坦誠的、直接的、雙向的溝通與處理；亦即諮商師與當事人就目前發生在諮商中兩人的關係進行直接而開放的討論。諮商師採用立即性的時機為在諮商中，當事人與諮商師出現下列情境時：
1.關係的不信任。

2.關係的緊張或僵硬。

3.諮商師與當事人彼此出現吸引現象。

4.當事人有依賴現象。

　　諮商師使用立即性的目的，可使當事人更明白在此時此地的行為，以及透過諮商師的示範使當事人學習以後如何與諮商師以外的人做更有效的溝通。

Impasse　僵化（局）

　　僵局是完形學派中的重要概念，也是Perls的人格結構假設之一。Perls將人格比喻為「虛假」（Phomy）、「恐懼」（Phobic）、「僵局」（Impasse）、「內爆」（Impolosive）、「外爆」（Explosive）等五層洋蔥，並認為要達到心理成熟，需脫去這五層次的精神官能症。僵局是指個人企圖去操弄環境以符合自身的感覺、思考、決定。

　　完形學派治療者的任務是協助當事人通過這僵局而獲得成長，諮商員透過提供個案被卡住的情況，採用如空椅技術、誇張遊戲、倒轉技術等治療方式，鼓勵他們充分經驗，協助當事人脫去層層的外衣，當個案完全經驗僵局後，才能如實地接受真實的自己，而不是期待自己可以變得不一樣。

Implosive　內爆

　　Perls將人格比喻為「虛假」（Phomy）、「恐懼」（Phobic）、「僵局」（Impasse）、「內爆」（Impolosive）、「外爆」（Explosive）等五層洋蔥，並以剝洋蔥來比喻人格的探索。其中，內爆是指個體覺察到自己內在的衝突、矛盾、掙扎、過往被自己排拒在外的感受。Perls曾提到當個體在內爆層中，揭開內在的防衛、接觸真

實的自我時，就能通往真實的自我，接受如所是的自己，達到人格的統整。

Individual Psychology　個體心理學（阿德勒心理治療）

個體心理學是Adler所創立的心理治療學派，不同於本我心理學強調本能對個體的影響，個體心理學重視每個人獨特的生命經驗、視個人為一個完整、隨時在蛻變的個體，認為只有在其所屬社會脈絡中，才有辦法瞭解個體的行為表現。

Individuation　個體化

個體化是客體關係理論中說明幼兒經由與母親心理上的分離，達到人格成長的重要概念。Margaret Mahler（1968）認為幼兒與母親的互動情形分為「正常嬰兒自閉階段」、「共生」、「分離／個體化」、「自體與客體恆存」等四大階段。其中，個體化時期約為三歲，此時期的孩童掙扎於享受依賴狀態與獨立分離。

若此階段母親拒絕和孩子分離，致使個體未通過分化經驗，可能發展出誇大、膨脹自我重要性、剝削他人態度的自戀型人格違常；或是情緒不穩定、自我破壞、易怒、有分離困難的邊緣型人格違常（Borderline）。

Inferiority Complex　自卑情結（阿德勒心理治療）

Adler認為自卑感是人類共通並且正常的現象，可將之視為創造與對一個人的努力與成長而言，是必要的。但是當個體無法藉由追求卓

越的方式補償、克服自己內在的自卑感,則自卑感增強,將導致自卑情結。自卑情結是指個體無法有效克服內在的自卑感,讓內在的不安全感擴大,導致一種防衛與神經質的行為。

Inferiority Feeling 自卑感(阿德勒心理治療)

阿德勒(Adler)學派強調人格中的自卑感是創造的泉源,具有引導個體朝更高目標邁進的功用。自卑感係指個體對自己的負向、無能力的想法,認為自己無法應付生活中遇到的狀況,對生活產生無助與無力感。此外,自卑感包含想像與實際的短處以及情況。阿德勒(Adler)學派認為自卑感是人類共通與正常的現象,經由內在追求卓越的驅力,個體會經由社會興趣而投入生活中,克服缺陷、追求屬於個人的卓越。例如,一位藉由精熟音樂來克服自己覺得外貌不如人的短處。

Informed Consent 知情同意

知情同意是心理諮商中一個非常重要的倫理原則,也是創造平等治療關係的核心。知情同意係指個案在正式進入諮商前,治療師告知個案諸如:收費方式、晤談時間架構、保密例外、個案紀錄方式等事宜,以便個案在瞭解所有相關訊息後,做出是否同意進行諮商的決定,其目的在於保障雙方關係,並讓個案知道自己的權利。知情同意有助於釐清諮商師與個案對於治療的認知差異,提高彼此對於晤談的共識。

Inner Child　內在小孩

內在小孩是心理學上用來形容個體內在狀況的一種形容詞，目前在不同的治療理論中有不同的看法。在心理治療理論中提到最接近內在小孩這個名詞的計有Jung學派、溝通分析學派、創傷治療理論等。Jung稱兒童原型為「在裡面的小孩」（Child Within）是一種集體潛意識，Jung認為內在小孩是個體內在純潔的靈性，能做為當事人人生的指引者。溝通分析學派（Transactional Analysis，簡稱TA）認為人的內在有「父母」、「成人」、「兒童」三種自我狀態（Ego State），其中「兒童」的自我狀態又分為「順從型」與「叛逆型」，其概念較接近內在小孩的概念。

創傷治療理論也以內在小孩隱喻受到創傷事件影響的個體內在心理狀態。創傷治療理論認為內在小孩代表一種創傷記憶，因此面對事件時容易不成熟、害怕與焦慮，諮商師需要協助當事人學習加以覺察、照顧及撫慰，幫助內在小孩長大。例如，受到性侵害的婦女，內在對於創傷事件的焦慮、害怕。

Insight　領悟

領悟是個案在心理治療中的重要改變因子，領悟是指個體對自己行為、情緒、思考的後設認知之理解。領悟無法導致人格改變，但有助於個案瞭解自己所作所為、擴增個體在事件上其他選擇性。不同學派對於領悟有不同的解讀。例如，精神分析學派認為領悟是「潛意識的意識化」；阿德勒學派認為領悟是「個體瞭解生活中行為動機為何」；完形學派認為領悟是「個體能夠整合不同面向的自己」；女性主義認為領悟是「個體能夠理解到社會環境對女性的迫害」。這些不同的詮釋都是對領悟的深刻描述，領悟是諮商與心理治療的過程中，改變發生前重要的前奏。

Insight in Psychoanalysis　動力性的領悟

　　精神分析所謂的動力性領悟（Insight in Psychoanalysis）指的是病人在分析師的協助下漸漸瞭解自身行為的潛意識動機，開始覺察到內在的心理動力，以及其表現於外的行為之象徵意含。此種理解過程與智性的洞察（Intellectual Insight）不同，智性的洞察指的是對自身心理病理及動力的概念性瞭解，此種瞭解在分析中往往是一種抗拒體會情緒經驗的防衛。動力性領悟則是對潛意識及其象徵型式的情緒性理解。

Instincts　本能（或驅力）

　　「本能」是精神分析的核心概念，是一具有目標導向的動力歷程。根據佛洛依德，本能有其源頭、目標及對象。其類型包含「生之本能」（Life Instics）與「死之本能」（Death Instics），前者由原先用性驅力一辭代表性能量，後擴展為所有個人與種族繁衍的生之本能能量，包含成長、創造的來源，可以帶給個體所有的愉悅。後者用來說明個體的攻擊驅力，認為個體藉由攻擊來展現潛意識中自傷、傷人的意願，包含一種毀滅的力量。

Interjection　內攝（精神分析）

　　內攝是精神分析師Sando Ferenczi提出來的詞，與投射相對應。內攝是指個人在潛意識的、未經思索的過程中，將他人的價值觀、行為標準等真實或想像的內涵，內化成自己的價值觀、行為標準，其中包括正向、負向型態。例如，受到家暴的小孩內攝父親藉由毆打母親的行為來處理憤怒，長大後，在自己的婚姻中，遇到不如意的事情也藉

由打人的方式處理。內攝的心理歷程與認同相似，所以上述的例子也可解釋為認同。

Interlocking Pathologies　病態連結（家族）

病態連結是家族治療學派用來說明家庭功能失調時所展現的家庭動力。病態連結係指家庭功能失調時，家庭成員間彼此在表達、維持、行動上都是以不健康的方式相互依賴，藉以展現出某種表象程度的平衡。例如，家庭為了保守女兒受父親亂倫的秘密，受到傷害的女兒以退化的方式需要母親的照顧、媽媽以過度關心的方式注意女兒的一舉一動、父親以斥責母親溺愛的方式合理化自己的行為。

Interlocking Triangles　連結三角關係（家族）

詳見Triangulation（三角關係）。

Internal Family Systems Therapy（簡稱IFS）　內在家庭系統理論

內在家庭系統理論是Richard Schwartz所發展的治療理論，假設每個個人心理都有一個內在的家庭，內在家庭由不同的人格組成，當人格之間出現矛盾與問題，個人的內在關係就會失去平衡，進而影響一個人的工作和人生方向。治療師透過幫助個案內在家庭不同人格間進行對話和溝通理解，個案可以回歸真實的自我，邁向自信有能量的人生。內在家庭系統理論應用在創傷治療、成癮行為、情緒問題和生命僵局都有所成效。

I

Internal Frame of Reference　內在參考架構（個人中心）

內在參考架構係指個體對自己的知覺、觀點，以及對世界的看法、感受等與他人不同的主觀個人所知所覺。Rogers的個人中心主義強調治療師藉由真誠一致、無條件的接納、同理心等態度，讓個案不受防衛的覺察自己內在參考架構，理解現實我與理想我的差距，從而更接納真實自己。

Interpersonal Behavior Survey（簡稱IBS）　人際行為量表

「人際行為量表」主要是了解一個人的人際行為特質，協助瞭解個人對自我信心與人際互動中行為的各種狀況。施測目的為幫助個人瞭解主要的人際行為類型與特質；以及協助治療者、諮商者等專業人員瞭解受測者的心理狀況與人際衝突，以有效訂定與評估心理治療與團體訓練計畫。

測驗量尺以自我肯定量尺、攻擊性量尺、關係量尺、效度量尺為建構之本土化試題。一共245題，採用「是」、「否」作答方式。測驗適用對象：15 歲以上成人（大專院校、在職成人）；施測時間：約30～40分鐘；施測方式： 紙筆測驗、個別測驗、團體測驗。

Interpretation　解釋

「解釋」此技巧廣泛運用於諮商情境中，諮商師運用彈性的語句，在避免過度分析及標籤化個案狀況的前提下，提供一個新的參照架構，讓個案用新的角度去理解解決問題，其目的在於擴大個案的意識範圍。

諮商師以某些理論為依據，試著去分析、描述當事人的思想、感

覺和行為，協助當事人從一些新的角度去瞭解事情的意義，進而發掘問題的癥結。諮商師在反映中給予當事人選擇性的參考架構，使當事人從多種角度來解釋自己的行為。諮商師必須對當事人的問題有深入的瞭解，避免過度分析及不當的標籤作用。

In Vivo Desensitization　現場減敏感法

現場減敏感法是行為主義的治療技術之一。現場減敏感法的方式是讓個案真正面對引發自己焦慮、害怕的情境。現場減敏感法是先訓練個案學習肌肉放鬆、冥想等對抗焦慮的方式，當個案熟悉這些方式後，可以選擇是否在治療師的陪同下，到真實環境中進行減敏感法。治療師讓個案循序漸進，拉長暴露在焦慮情境中的時間，並且在過程中，運用放鬆技術，幫助自己克服焦慮；若個案感到高度焦慮時，可以隨時中斷此一流程。

例如，治療師協助一位有幽閉恐懼症的個案進入電梯，進行現場減敏感的治療。一般而言，因為現場減敏感法有助於個案類化情境於其他相似情境，因此其效果優於想像減敏感法。

In Vivo Flooding　現場洪水法

現場洪水法為行為主義治療學派的主要技術之一。現場洪水法適用於無法清晰想像焦慮情境的個案，現場洪水法的方式是讓當事人直接暴露在產生焦慮的刺激情境中一段時間。在進行現場洪水法的這段時間中，個案會採取一些方式讓自己緩和焦慮，治療師要注意的是避免讓個案採取不適當的因應方式。例如，治療師讓一位懼水的個案直接置身於水中。

Irrational Belief　非理性信念（理情）

　　非理性信念是REBT核心的重要概念。認知治療法認為個體內在「不合理的想法」是造成情緒沮喪的主要原因，因此治療者協助當事人仔細檢查自己一些「必須」、「一定」、「應該」的信念，並加以駁斥、教導當事人自我挑戰自己的非理性信念，直到這些信念對自己影響強度降低。例如，治療師協助一位要求自己每科一定要滿分的學生，駁斥其背後「沒有滿分就『一定』不是認真學生」的非理性信念，瞭解這樣的信念影響自己其他生活品質。

　　Ellis在1997年來臺工作坊中指出一般常見的非理性信念有：

1.我「必須」得到其他人的愛和稱讚↔人可以自己尊重自己。

2.我「必須」完美地執行我的任務↔盡力去做，但不要求自己每件事都做好。

3.別人「必須」公平且公正的對待我。

4.事情的進行如果不如意，那就一切都完了↔接受事實。

5.有些人是很壞，很邪惡的，他「應該要」得到懲罰。

6.一個人只有在他有充分能力、完美適應與良好成就時，才有價值。

7.個人是無法克服生命的不幸，因為這是外在所處的環境所造成的。

8.一個人應該不斷的密切注意會發生的危險或悲慘的事。

9.逃避人生的困難與責任比面對困難與責任要容易的多。

10.人應該要依賴別人，生命「應該要」找一個更強的人去依賴。

11.過去的經驗與事件是影響一個人現在行為的主要因素，過去的影響是永遠無法消除的。

12.人應該為別人的難題與困擾而緊張或煩惱。

13.每一個問題都有正確而完美的解決方法，人必須找到這個方法。

Ｊ 字母之解釋名詞

Jeffrey K. Zeig　傑佛瑞・薩德博士

　　傑佛瑞・薩德博士是臨床心理學家，艾瑞克森學派催眠治療師，為現代催眠之父Milton Erickson的嫡傳大弟子，創辦艾瑞克森基金會兼任執行長，創辦世界短期心理治療大會並兼任主席，多次到臺灣及大陸舉辦工作坊，對心理治療工作者進行培訓。

Ⓚ 字母之解釋名詞

Karpman Drama Triangle　卡普曼戲劇三角

　　卡普曼戲劇三角是溝通分析學派的重要概念，其目的是用來理解個體如何在人際關係中進行心理遊戲。三角形裡有「壓迫者」（Persecutor）、「拯救者」（Rescuer）及「受害者」（Victim）三部分。此心理遊戲的特色是個體會從三角形的一點快速地「切換」到另一點，例如從拯救者切換到壓迫者，或從受害者切換到壓迫者。

P：壓迫者（Persecutor）
R：拯救者（Rescuer）
V：受害者（Victim）

卡普曼三角
（Karpman Drama Triangle）

　　例如，一齣家庭戲裡可能包括家庭成員間的相互作用，每個成員都從戲劇三角形的不同點上演起。如果受害者玩「踢我」（Kick Me）的遊戲，就會去刺激別人來「踢」他。受害者常會壓迫別人，直到別人反過來踢他為止。為了完成這個三角關係，其他家庭成員會跑去拯救這個可憐、無助、被踢的受害者。受害者常常又會再去騷擾拯救者。

　　卡普曼戲劇三角的特徵在於P、R、V三者會相互轉換，原本的受害者可反轉變成壓迫者，造成卡普曼三角的戲劇主因，在於未被覺知的曖昧溝通，由於心理上的訊息和社會性外在表達的訊息不一致，造成的溝通困難。

L 字母之解釋名詞

Labeling and Mislabeling　標籤化和錯誤標籤化

標籤化和錯誤標籤化是認知行為學派用來說明個體一些認知扭曲。認知扭曲的類型尚有：「獨斷推論」、「選擇性摘要」、「過度累化」、「誇大與貶低」、「個人化」、「極端思考」等。標籤化與錯誤標籤化是個體以過去的缺點、自身犯的錯誤、負面思考來建立自我認同，但卻忽略了自己的正向特質，使個體對自我產生嚴重扭曲。

例如，一位小時候曾經偷腳踏車被長輩罵「剪角」（臺語，指一輩子沒有出息）的小孩，長大後用此來定位自己，認為自己終其一生是一個一事無成的人。此外，成語中，「小時了了，大未必佳」等，都是一種標籤化的語言。

Latency Period　性潛伏期（精神分析）

Freud將人格發展分為「口腔期（Oral Stage）」、「肛門期（Anal Stage）」、「性蕾期（Phallic Stage）」、「性器期（Genital Stage）」、「潛伏期（Latency Stage）」等五個階段。其中，「性潛伏期」是指五、六歲至青春期的小孩，此階段孩童的性衝動已經昇華為對學習方面的興趣，又因為有排斥異性與喜愛同性的傾向，因此又稱之為「同性戀期」。性潛伏期的主要任務在於發展同性情誼，並且能夠培養多元化的學習興趣，將性的驅力昇華為學習的動力。這個階段的另一個特色是壓抑，於是造成一種對早年生活的失憶。其性活動的大量減少可能是一種昇華，也可能是強烈的壓抑。根據精神分析理

論，這個階段的兒童也開始發展出羞恥及嫌惡的情緒。

Leading Self-exploration　引導自我探索

諮商師在處理問題之前必須先瞭解問題，而唯有當事人本人最清楚問題的詳細內容，所以諮商師應引導當事人做深入而具體的自我探討。引導自我探討的目標乃針對與造成問題有關的資料以及解決問題有關的資源。

Liberal Feminists　自由主義女性主義者

女性主義治療強調從個案所處的脈絡中瞭解其對問題產生的影響；此外，女性主義計有「自由女性主義」（Liberal Feminists）、「文化女性主義」（Cultural Feminists）、「激進女性主義」（Radical Feminists）、「社會主義女性主義」（Socialist Feminists）四大派別，其差異處在於對於造成個案壓迫成因及改變社會的方法觀點不同。

自由女性主義者主要是協助個體消除社會化過程中，無形中所被定型的刻板限制與行為束縛。其主張藉由消除工作場域與社會環境中所帶來的兩性偏見，提升個體的尊嚴、自我接納、自我實現與平等，讓兩性間的差異減少，並讓兩性間的多元性更加開展。

Libido　慾力（精神分析）

慾力是Freud早期用來代表性能量的名詞，這是存在於人內在一種人格的驅力，代表人內在的各種能量，其中最大的是性能量。後用「生的本能」說明。詳見生的本能。

Life Instincts　生的本能

生的本能又稱之為「愛慾（Eros）」，包括性慾力以及自我保存的本能（Self-preservation）。Freud將「生的本能」與「死的本能」並置，形成其重要的本能論。相較於死之本能，生的本能並非狹義的僅是性驅力，而是更廣義的泛指所有有關於生存的力量，其目的是讓個體生存與種族繁衍，是一種成長、發展、創造的泉源，也包含所有讓個體能夠快樂的活動。

例如，個體在生活中安排出遊、從事一些自己覺得有興趣的事情，就是一種生的本能之展現。

Life Script　生活腳本

生活腳本為TA（溝通分析）所提出，個人生活藍圖的概念，是基於早年對於自己與他人所做的決定。Berne認為人自出生後便受父母、環境的影響，從小便寫了一生的生活腳本，而且此腳本決定一生所發生的大小事情，以及基本的心理地位，又稱生活地位（Life Position）。孩提時人們就已決定自己是好人或不好的人，未來會成功或失敗，這個早期決定會受別人語言或非語言的強化之後，變成我們的基本信念系統。

生活腳本通常包含三個中心問題：「我是誰？」「我在這裡做什麼？」「其他人又是誰？」一旦腳本定型，終生受影響，其形成的影響因素有父母的話、童年時對這些話的反應及配合這些話的心理遊戲等。

一個人的腳本通常隱身在個人喜愛的童話故事，透過故事的分析常常可以得知個人的腳本。例如，「白雪公主」就常被詮釋為一個人生經常會有貴人的腳本；而「人魚公主」的故事則透露出非常努力還是得不到所愛的生命故事。

Life-Span-Oriented　全人發展取向

不同於精神分析學派認為個體人格特質定型於早期經驗的決定論看法，後現代主義所衍生出來的全人發展取向，認為個體人格發展歷程是「橫跨」整個生命週期，會隨著在不同階段所遇到的人、事、時、地、物而有所改變。

例如，精神分析學派認為一個對感情沒有安全感，一天要打50通電話給男友的女個案，可能是她小時候在客體關的個體化階段出現狀況；全人發展取向則會藉由理解該個案過往在關係發展史，來理解個案現在的行為，如前男友在約會途中車禍身亡，個案往往就會形成一種生命的不安，造成她在行為上的改變。

Life Style　生活型態（阿德勒心理治療）

生活型態亦稱為「生活風格」，是阿德勒學派的重要概念，用以說明個體思考、感受、行為上的方式。Adler將個體面臨到的生活問題，歸納為「與他人互動行為問題」、「職業問題」、「愛情問題」等三類型，而當個體面臨這些問題時，或採用「統馭型」、「獲得型」、「逃避型」、「有益社會型」等四種生活型態來因應。

Adler認為個體的生活型態定型於約四、五歲的時候，幼年經驗中為了克服內在的自悲感而產生了獨一無二的生活型態，此生活型態反應個人的信念與處理事情的方法，藉此追求對自己有意義的目標。

Life Tasks　生命任務（阿德勒心理治療）

生命任務是阿德勒學派學者Mosak對於個體在世上所要完成的任務之說明。Mosak認為個體有五項生命任務，包含：「建立關係」、「貢

獻社會」、「維持親密感」、「自我接納」、「發展精神層次」等。其中，由於人類是群居動物，因此自我接納與建立關係是個體基本的生命任務。透過基本生命任務的發展，慢慢來到維持親密感，進而貢獻社會，發展精神層次。

Listening　傾聽

　　傾聽是諮商技術的其中之一個技術，「傾」含有專注與主動的意味，是眼、耳、心並用的。而傾聽的方式分為以下二種方式：（1）行為上的傾聽：諮商員在行為上採取一種「參與」的姿態，例如，眼神的接觸、身體微向前傾。（2）心理上的傾聽：諮商員主動傾聽當事人所表現出語言的、非語言的訊息，及話中隱含的意義，是一種專注而主動投入對方表達的過程。

Logotherapy　意義治療法（存在）

　　意義治療法又稱為存在主義治療法，是由Frankl所發展出來的治療法，是各式諮商學派中唯一種諮商哲學。意義治療法並非治療學派，也未擁有特定技術。其對人類的基本假設不同於精神分析的決定論者，也不同於行為主義的被決定論，存在主義者認為人類無論在什麼樣的情境下，對自身的際遇依舊是有詮釋與選擇的自由，而個體要為自己的詮釋與選擇負責。

　　根據存在主義，人類有六大基本層面：「提升自我覺察的能力」、「自由與責任」、「建立有意義的人際關係」、「追尋意義、價值和目標」、「焦慮是生活的一般性狀態」、「覺察死亡與無存」。此六大基本層面是個體終其一生要面對的課題。

　　其中焦慮是一種生活的狀態，是意義治療法中最重要的論述，透

過瞭解焦慮的必然性，幫助個人更能接納自身的狀態，並尋求生命的意義。

Love Cards　愛情卡

由黃士鈞博士研發設計，共65張卡片，由健康卡片發明家出版。為「澄清型」牌卡，每一張卡片都是一種愛情需求。愛情卡主要用來澄清個人在愛情關係裡，最重視的需求是什麼。透過這套卡片，使用者可以更清楚的看見自己在愛情裡要的是什麼，也有機會發現自己在關係中能給出去的東西有哪些。同時，使用者也可藉由卡片，思考自己在親密關係中想要增加與調整的，好讓自己更有愛人的能力。

M 字母之解釋名詞

Magnification　誇大（認知行為）

　　誇大是Beck認知治療理論中，關於個體一些認知上的錯誤觀念與錯誤假設所造成的認知扭曲（Cognitive Distortions）。關於認知扭曲的種類有「獨斷推論」（Arbitrary Inference）、「選擇性摘要」（Selective Abstraction）、「過度類化」（Overgeneralization）、「誇大與貶低」（Magnification and Minimization）、「個人化」（Personalization）、「標籤化和錯誤標籤化」（Labeing and Mislabeing）及「極端化思考」（Polarized Thinking）等七類。

　　誇大是指個體非根據事實過度誇張某件事情的重要性，並依此誇大推論事件的結果。例如，一位社團的公關，過度誇大自己的重要性，認為社團沒有自己的話，就完全找不到其他的聯誼對象，並且社團會因此沒有辦法吸引到其他學生，最後因此倒社。誇大的另一面就是貶低，貶低別人的貢獻或是貶低事物的價值。

Maintaining the Analytic Framework　維持分析架構

　　心理分析治療的六大基本技術包含：維持分析架構（Maintaining the Analytic Framework）、自由聯想（Free Association）、詮釋（Interpretation）、夢的解析、抗拒的分析、移情作用分析等。維持分析架構是指治療師在治療的歷程中，一致性的保持談話架構、空間架構、治療程序與治療風格。在治療的歷程中，當事人會有意無意的藉由遲到、請假、不付費等破壞治療結構的行為，傳達個人潛意識當中

關於移情、抗拒等訊息；有時治療師也會經由一些違反架構的行為，像是延長治療時間，傳達己身反移情的訊息。心理分析治療學派認為治療師要努力維持一致性的分析架構，因為在一致性的分析架構中，移情作用的流動歷程將會被清楚的呈現，治療師與當事人有機會將之修通，也因此維持分析架構本身就具有治療的效果。

　　維持分析架構本身包含「晤談程序」與「治療結構」。晤談程序是指固定的晤談費用、收費方式等在諮商室以外的事項；治療結構則是指治療師的風格、晤談時間長度、晤談空間等治療歷程中的一致性。

Making the Rounds　巡迴遊戲

　　巡迴遊戲是團體治療師常用的一般技術。巡迴遊戲的內容可以是成員日常不敢提，但卻又重要的事件，藉由治療師讓團體成員走到其他成員面前完成一句話、一個動作，達到協助成員冒險、表達自我、試驗新的行為、更接納自己、宣洩情緒的目的。

　　例如，治療師讓一位從不表達自己的個案，以巡迴遊戲的方式，到團體其他成員面前，一位接著一位地表達自己對於某件事情的想法。藉著不斷地對不同成員述說，使個案更有信心表現自己。

Mandatory Ethics　強制性倫理

　　如同國有國法、行有行規，諮商專業工作倫理可區分為「理想性倫理」與「強制性倫理」。前者是諮商師行動的最高標準，而強制性倫理是指諮商師應遵守的最基本的職業倫理規範，依據此一標準來進行諮商相關工作。

　　例如，治療師在第一次進行治療時，應建立場面結構，說明晤談

時間、地點、費用、保密的例外等事宜，此皆諮商師符合倫理行為的強制性倫理事項。其他相關的倫理事項包含知後同意權等。

Manifest & Latent Content of Dreams　夢的顯像或內隱的內容

　　根據精神分析學家Freud的觀點，將夢視為「通往潛意識的金黃大道」，Freud將夢依據個體抗拒、壓抑、扭曲的性質不同，而將夢分為兩部分。

1. 夢的顯性：指較明顯象徵意義的夢，較不具威脅性的意識或潛意識表徵。
2. 夢的隱性：指為個體所壓抑、扭曲的意見，因為太過於驚聳，所以透過較不具威脅的性向表現出（例如高樓代表男性的陰莖）。

　　病人透過自由聯想，可分析、詮釋隱性的夢，使潛意識意識化，強化病人的自我瞭解，從而達到人格統整的治療目標。

Masculine　男性化

　　依據Sandra Bem的說法，某些社會覺得女性合宜的行為，就稱之為「女性化」；反之適合男性的，就稱之為「男性化」，而孩子就從社會裡學到對性別的看法，並且將這個看法套用到自己的身上，形成自己的「性別基模」（Gender Schema），即對自己性別的看法與認知，並運用這樣的基模來理解生活中發生的事情。

　　例如，個體在社會化的歷程中，學會男性化角色應該表現出勇敢、不輕易表達自己的情緒、具有成就傾向、競爭力、高社經地位等。這些男性基礎中的特質常常會形成一種指標，成為男性生活中的一種判斷的基礎，也是一種追求的方向。有些成就高社經地位的男性獲得社會的肯定，而娘娘腔的男孩則受到排擠。

M

Metaphor　隱喻

　　就完形學派的觀點而言，隱喻是指個案話中玄機或是用來象徵自己的譬喻句，諸如姿勢、行為、手勢、聲音等非語言訊息，都透露出某些真相。這些個案未覺察的非語言線索提供治療者非常豐富的資訊。

　　Polster認為隱喻可能含有一些被抗拒接觸的內在對話、未竟事務、個人主觀現象場等豐富線索。治療師應努力傾聽個案隱喻中所欲傳達的訊息，協助個案更覺察自己。

　　例如，個案不在乎的說出自己對於丈夫外遇毫無情緒上波動時，雙手卻同時緊緊用力相握，治療師經由捕捉個案的解離傾向，適時提出非語言的面質，使個案覺察到自己背後的震驚感受，而能夠和此真實情境接觸。

Mindfulness Therapy　正念療法

　　正念療法是近二十年來，東方禪修觀念在心理學領域中的應用。代表人物Kabat-Zinn認為正念是一種分分秒秒的覺察（Moment-to-moment awareness），透過刻意地專注於當下，並對個人內在與外在經驗產生非評價的認識與覺察。正念練習的七項基本原則為：非評價（Non-judgment）、接納（Acceptance）、信任自己（Trust）、非用力追求（Non-striving）、耐心（Patience）、初心（Beginner's Mind）、順其自然（Let be or let go）。其他學者發展的正念操作型定義則為：「對於注意力的自我調節能力（Self-regulation of Attention），對經驗抱持好奇、開放與接納的取向」。這些概念廣泛被使用於以正念為基礎的心理治療介入，指的皆是一種沒有評價專注當下的自我觀察能力。

　　正念療法在創傷、焦慮、憂鬱及個人自我成長與靈性追求上皆有

很好的成效與應用。

Mindfulness　靜觀／專注覺察

　　靜觀又稱為「專注覺察」，其原理源於佛教意念，目前被廣泛運用成為靈性、超個人治療的一個重要概念。靜觀是指個體有意識的將注意力集中在此時此刻，藉由注意力孕育出更大的覺察與思考能力，讓自己不帶批判、偏見、愛惡的接納發生在自己身上所有一切外在內在的生命歷程。

　　靜觀首重覺察自己的呼吸，其目的在於協助個體重新掌握生命的方向、素質，從更寬廣的視野來看待生命中發生的現實事件對自己和他人有著慈悲的心情。目前科學研究顯示，靜觀有助於生理上心臟病、癌症、頭痛、高血壓、睡眠失調，及心理上焦慮、憂鬱、邊緣性人格異常等症狀之緩解。

M

Minimization　縮小（認知）

　　縮小是Beck認知治療理論中，關於個體一些認知上的錯誤觀念與錯誤假設所造成的認知扭曲（Cognitive Distortions）。關於認知扭曲的種類有「獨斷推論」、「選擇性摘要」、「過度類化」、「誇大與貶低」、「個人化」、「標籤化和錯誤標籤化」及「極端化思考」等七類。

　　縮小又稱為貶低，是指個體非根據事實，過度忽略某件事情的重要性，並依此推論事件的結果。例如，一位受到師長性騷擾的學生，學校過度忽略此一事件的重要性，對外輕描淡寫的說是一件「碰碰小手的誤會」。

Minor Psychotherapy　小型心理治療

　　小型心理治療可視為阿德勒學派的短期取向心理治療，由Dreikurs在1997年以全人醫療觀為脈絡下整合而成。小型心理治療對於晤談的歷程，將之區分為「建立平等、合宜的諮商關係」、「探索個案內在動力」、「鼓勵個案自我覺察」、「協助個案做出新的抉擇與行動」等四階段。透過這個短期的模式，可以更有效率的協助個人做出抉擇和行動。

Miracle Question　奇蹟提問法

　　奇蹟提問法是de Shazer所發展的焦點解決學派之重要技術之一。焦點解決學派強調於「未來」，認為個案是自己問題的專家，同時問題本身不是問題，「『如何解決問題』才是問題」，因此其治療目標在於如何解決個案的問題。

　　奇蹟提問法是可使用的技術之一，治療師以奇蹟出現的方式，詢問個案當問題消失後，自己是怎麼知道問題被解決了，並細緻瞭解個案對於問題被解決過程的內容。奇蹟提問法的歷程反應著O'Hanlon與Davis的信念，認為改變個案對自己問題的做法和想法，即會改變問題本身，而背後用意在於鼓勵個案不要沉溺在問題中，而是朝問題解決的面向採取行動。

　　例如，面對一位始終追不到女生的男性個案，治療師：「如果有一天，奇蹟降臨，你有了女朋友，你覺得這會發生了什麼事情？」

　　奇蹟提問法的技巧關鍵在於運用精緻的假設語言，慢慢鋪陳出奇蹟可能發生的氛圍，協助個案思考並感受，漸漸開展問題被解決的狀態。

Mirror　鏡子技巧（心理劇）

鏡子技巧是心理劇的技術之一。如同當局者迷、旁觀者清的心態，心理劇導演讓個案邀請一位團體成員模仿自己的行為與態度，個案則在旁邊觀看該模仿成員的動作、態度，從中覺察自己的行為與態度帶給他人的感受。

例如，讓一位高傲的成員，邀請一個團體成員扮演自己，演出自己和他人講話時的高傲態度與行為，從中觀察他人的反應，進一步覺察動作中的自己。

Mirroring　鏡映

客體關係（ORT）學派的學者Margaret Mahler（1968）認為幼兒與母親的互動情形分為正常嬰兒自閉階段（Normal Infantile Autism）、共生（Symbiosis）、分離／個體化（Seperation/Individuation）、自體與客體恆存。鏡映是客體關係學派中，用來說明母親在「正常嬰兒自閉」與「共生」兩個階段中，母親藉由嬰兒不同的哭泣聲音與類型，可以如同鏡子般正確反應出嬰兒的需求，用來表示母親與嬰兒情緒上的高度共鳴。例如，母親知道嬰兒「哼哼」的聲音代表想要撒嬌、人抱；嬰兒哇哇大哭，表示肚子餓。嬰兒從與母親鏡映的歷程中，感受到自己和母親是一體的，從中獲得信任、被愛的感受。

Monodrama　獨角戲（心理劇）

獨角戲是心理劇的技術之一。獨角戲是指個案在舞臺上佈置兩個不一樣的場景，然後在不同的場景中演出自己對立的內心戲。

例如，邀請個案佈置一個代表社交上的自己，一個代表獨處時的自己之場景，並在這兩個場景中演出自己內在的所知、所感。

Morita 森田療法（亞洲）

「森田療法」和「內觀療法」都是由日本創始而馳名國際的心理治療。森田療法是1921年左右，由森田正馬所創治療精神官能症的心理治療，新佛洛依德學派的Horen, K.、德國精神醫學家leonhard, K.等人均承認森田療法的價值。森田療法和西方心理治療最大的差異在於後者是重視分析精神官能症患者在內心存在的焦慮或衝突，企圖把這個「異物」祛除，至於森田療法則認為精神官能症患者的焦慮和衝突和平常人的焦慮、衝突是連續的，因此，無論如何企圖祛除焦慮與衝突，既然是要祛除不是異常的東西，想要祛除它本身就是矛盾的。換言之，森田療法放棄「非如此不行」的態度，而重視「現在所存在的」，讓患者去體驗到安心。森田療法的素材可能是西方的心理治療，其思考的起源卻是佛教，尤其是「禪」的內涵。

Motivational Interviewing 動機式晤談

動機式晤談主要是在1980年代，由Miller和Rollnick提出的治療模式。是一種指導式為主，又融合以個案為中心的治療方式，透過五個基本原理，協助當事人探索自己的心理矛盾，進而達成個案行為的改變。

五個基本原理分別是：（1）不判斷不批評的探索個案的主觀世界；（2）喚起個案的不一致和矛盾後加以探索；（3）接納個案抗拒改變並透過目標和價值觀增加個案的改變動機；（4）支持個案的自我效能且鼓勵個案運用資源採取行動促進改變；（5）幫助個案想像改變後的自己並鼓勵個案在晤談中間嘗試改變的生活。

在動機式晤談中也談到關於個案在治療中經驗改變的五個歷程階段；無改變意圖階段、構思改變階段、準備行動階段、行動階段、維持改變階段。

Multigenerational Transmission Process　多世代遺傳的過程（家族）

多世代遺傳的過程是家族治療對問題具有代間遺傳的一個假設。多世代遺傳的過程是指一個不成熟的個體，例如與原生家庭低度分化的個體長大後，在擇偶上也「門當戶對」的傾向找到與自己同樣情況的配偶，並在婚姻家庭中延續著原生家庭的問題。

例如，一位受到家暴的女童，長大後容易傾向和具有暴力傾向的男性結婚，致使暴力問題一代一代的心理延續下去，透過心理談話的協助，個案可以覺知自己的模式，在生命中有新選擇。

Multimodal Therapy　多元模式治療

多元模式治療由Lazarus所發展，強調諮商技術而非理論上的折衷，其理論提倡治療者面對不同個案的特質應該具有變通性、多樣性的折衷方法來執行治療。多元模式治療對個體人格結構的基本要義，Lazarus認為複雜的人格結構可區分為七大主要功能：Behavior=行為，Affective Processes =情感反應，Sensation=感覺，Images=形象，Cognitive =認知，Interpersonal Relationships=人際關係，Drug / Biological Function=藥物、生物功能、營養和運動，簡稱BASIC I.D.。這些模組會相互影響，但仍可視之為獨立的功能，而個案的不良行為即是由於此七項模式有了偏差或彼此衝突所致。

多重模式的諮商過程對於BASIC I.D.模式內涵的分析非常重視。其目標在於找出對個案而言最好的方法，諮商師的角色是根據多重模式諮商的觀點，諮商師應針對當事人的各項模式選擇最適當的諮商方法。因此，諮商師不但要有專精的知識，熟練各種不同的技術，具有創造性的思考，並且要熟悉相關的醫藥和心理治療。

M

Multiple Parts of Self　自我的多重部分（心理劇）

　　一個人在社會上會同時擁有許多不同的角色，當角色間的拿捏失衡時，便會產生衝突。心理劇的導演協助個案演出內在不同面向衝突的自己，協助個案覺察在這些衝突中，自己狀態、感受、想法、與他人關聯性如何，並宣洩這些衝突所引發的壓力、情緒，最後協助個案有些新的決定與行動的方向。

　　例如，導演讓一位女性成員看到自己身上同時受到「孩子母親」、「原生家庭獨生女想要孝順爸媽」、「媳婦」、「博士班學生」、「小學老師」等多重角色綑綁，讓自己在這些角色衝突中，幾乎快喘不過氣來，從中覺察自己的拉扯、矛盾、壓力。在這些覺察中慢慢整合出自己真正的平衡之路。

Music Therapy　音樂治療

　　音樂治療是一種臨床上應用的治療方法。在通過音樂治療認證的專業人士所帶領的治療關係中，利用音樂的介入達成個案在身、心方面的需求和療癒。另外，音樂治療是一種對人體無置入性侵害的治療方式，在施行治療過程中容易被治療者接納。音樂治療工作者可利用音樂引導體驗各種音樂形式與當下之情境氛圍，作為與案主互應與對應關係之治療動力依據，案主透過音樂引發內在情緒的共鳴，經由表達、瞭解、轉化和整合，得以幫助案主達到健康的目的。

Musturbation　必須信念（理情）

　　「必須信念」是認知行為治療對於人性觀的概念之一。認知行為學派認為個體從兒童時期開始經由學習、不斷自我重複、自動暗示，

內化了他人一些「自我挫敗」、「必須」等非理性信念。

Ellis1997年在來臺的工作坊中指出個體有下列五項「必須」信念：

1. 我「必須」得到其他人的愛和稱讚；相對應的，人可以自己尊重自己。

2. 我「必須」完美地執行我的任務，相對應的，盡力去做，但不要求自己每件事都做好。

3. 別人「必須」公平且公正的對待我。

4. 事情的進行如果不如意，那就一切都完了；相對應的，接受事實。

5. 有些人是很壞，很邪惡的，他「應該要」得到懲罰。

必須信念可以透過以「可以」取代，來取代必須信念中那種沒有選擇的窒息壓力；像是別人「可以」公平且公正的對待我。

M

N 字母之解釋名詞

Naikan　內觀療法（亞洲）

　　內觀療法是吉本伊信所創始的心理治療方法，旨在探討自我、實現自我。內觀療法的功能與對象有兩種：其一為自我啟發，係以心理健康的人為對象，包括學生、教師、醫師、護士、家庭主婦、公司職員、船員、農夫、商店老闆、律師均可以適用；其二為心理治療，係以心理有困擾者為對象，如夫婦或親子的衝突、非行、拒絕上學、精神官能症、酒精中毒、心身症等均可以實施。內觀的實施方法是：

1.設定情境：（1）從上午六時到下午九時，實施一週；（2）作業：針對內觀主題做自我探討；

2.內觀主題：就母親、父親、配偶等重要他人，探討（1）受到照顧的事實，（2）回報他們的事實，（3）帶給他自己困擾的事實等依序做具體的探討；

3.與治療者的晤談：（1）地點：在內觀地點，（2）方式：面對面，（3）時間：每隔1-2小時做3-5分鐘的交談，一天實施8次。

　　內觀療法是一種密集式的心理療癒形式，透過一整天十多小時的互動和探索，達到啟發自己和促進健康的人際關係目的。目前在亞洲各地及臺灣皆有內觀中心，協助個人進行自我的統整與轉化。

Narcissism　自戀（精神分析）

　　自戀一詞原指希臘神話裡愛自己倒影的那瑟西斯（水仙）。Freud於1910年用這個詞來形容同性戀者在愛的對象上的選擇。他們選擇愛

上與自己一樣的男人。之後，Freud把這個狀態放在性發展階段自體情慾（Auto-erotism）與客體愛（Object-love）之間。1914年的「論自戀」中，Freud將這個概念延伸為某種特定的慾力灌注的方式，亦即個體的慾力以自我為對象，此種狀態可以是正常的發展階段，也可以是病態的，也就是說個體把原本投向客體的慾力返回自我身上，是一種發展上的退化。

Narrative　敘說

敘說是因應後現代思潮而發展的一個治療取向，由Michael White和David Epston所發展。敘說立基於建構主義與社會建構主義的觀點，認為個案所建構出的主觀世界是個案的真實，並正向看待個案是解決自己問題的專家。

治療師藉由扮演聽眾、見證人、指導者、詮釋者、共同作者等會談藝術家角色，和個案基於平等的關係中，共同合作，建構、解構、重新建構自己的生命故事，協助個案從中得到新的詮釋與理解。

透過述說自己生命故事的過程，幫助個案外化問題，重新找回自己的能力和對生活的掌握。

Narrative Therapy　敘事治療

敘事治療法是家族治療中的後現代取向的觀點，其理論建構於後現代的文本思想，創始人為澳洲心理學家Michael White等人，代表經典著作是《故事‧知識‧權力》。敘事治療的理論假設認為個體的生活故事不能完整呈現於真實的生活經驗時，就會遭遇問題，而一些重要的理論內涵包括：

1.主觀的現實：強調個體主觀的現實，不認為有既定的事實。敘事本身

包含了故事（Stories），以人生素材或生活事件之時間先後、因果關係排列與描繪為內容。

2.主觀詮釋：「敘事」（Narratives）隱含了說故事（Story Telling）和主觀詮釋、主觀目的和當事人的後設認知。

3.新資料與新詮釋：敘事治療法會協助當事人重新檢視維持故事主軸的內涵，治療師幫助當事人從問題故事中覺察過去不曾注意到的失落之處，並給予新的詮釋。

　　敘事治療法創新於其他傳統家庭治療，主要在於最大的特點「問題的外化」，將問題與當事人分開，也就是「事和人是兩個獨立的狀態」。諮商師在諮商的歷程中，協助當事人敘說自己的生命故事，並且藉由將問題外化、喚起個體內在力量及再詮釋等方式，協助當事人覺察、重寫（Reauthoring）自己的生命故事，從中尋找新的意義與方向，讓當事人能夠清楚地看到自己的生命過程和意義。另外，White不以病態觀點來看當事人，亦不採「專家」立場，只是強調個體的多元身分和故事，個體的身分、價值觀、文化和語言都會形不同的自我敘說故事。

Negative Reinforcement　負增強（行為）

　　增強又可分正增強（Positive Reinforcement）與負增強（Negative Reinforcement），是行為主義對個體行為塑造的重要概念。在行為治療中，是根據增強原理改變行為。行為學派利用增強來說明行為的習得與去除，其中負增強乃指移去某種事物即可增加某種正向行為出現的機率。

　　例如在治療自閉性的小孩，可能用糖果、注意等正增強對他並無多大效果，若是利用負增強物（如敲他手心），例如治療者要求他走向治療者，若他不肯則得到一敲手心，若是移動了腳步則沒有敲手

心。因此他就能習得很快地定向治療者。而且，這種效果可能持續好幾個月！

Negative Transference　負向移情

負向移情是Freud精神分析學派中提及治療師和個案的一種移情關係。負向移情是指在治療歷程中，個案將過去重要他人的負向情感或幻想在潛意識下轉移到治療師身上。

例如，媽媽是躁鬱症的患者，小時候，當個案在希望獲得母親的照顧時，母親卻在個案面前發病，拖著個案到百貨公司瘋狂購物，完全沒有照顧到個案，家人發現後，便開始有意無意的將個案與母親隔離，以至於個案的成長過程中，媽媽是缺席的媽媽。個案長大後因親密關係來談，潛意識中將對缺席母親的恨及敵意轉移到治療師身上，毫無證據地認為治療師心不在焉，不關心她，也對她所說的事毫無興趣。此即為負向移情。

Neurotic Anxiety　神經性焦慮（存在）

精神分析Freud學派與存在主義學派都曾經提及神經性焦慮這個概念。在精神分析Freud學派中，將焦慮分為「現實焦慮」、「道德焦慮」、「神經性焦慮」。其中神經性的焦慮所怕的對象是一種起源於本能的危機，也就是個體害怕自己的自我無法阻止本能的衝動，以致本能將自求發洩，而造成某些有害於個體的衝動和思想。例如，學生不喜歡理化老師，老師的一舉一動都讓學生感到憤怒，因此學生擔心自己克制不了想要打老師的衝動。

存在主義有六大命題：「自我覺察能力」、「自由與責任」、「創造個人認同與建立關係」、「追尋意義、目的、價值」、「焦慮

為一般生活狀態」、「覺察死亡與無存」。其中,一般生活狀態中的焦慮,又可進一步區分為「一般性焦慮」、「神經性焦慮」。

神經性焦慮是指沒有根據性的對某些事情感到焦慮、緊張、不安,長期處在此一狀態中會使人產生無力感,並且不易為個體所覺察。存在主義學派認為健康的心理狀態在於減少神經性焦慮,並且和一般性焦慮共存,因此在治療歷程中,會協助個案辨識出自己焦慮性質,並且非消極移除此焦慮,而是以建設性的方式處理這些焦慮。

例如,協助一位長期將決定權交給其他人的個案覺察背後毫無根據焦慮自己的決定會帶來最壞的結果,治療師協助個案覺察此一神經焦慮,並且處理它。

Nondirective Therapy　非指導性治療

非指導性治療是Rogers個人中心治療學派第一發展階段時的思想階段。非指導性治療發展於1940年代,成為心理學界的第三勢力,與傳統指導式精神分析取向相抗衡。

非指導性治療的重要核心在強調治療師是以個人的態度為出發,傾聽、同理個案的主觀世界,治療師跟隨個案的腳步而非企圖主導治療過程,其目的是讓個案在一個接納的環境中,放下防衛,如其所是的接納自己。

Nonmaleficence　非傷害性

諮商師在進行諮商時所必須遵守的普遍性倫理守則有:「自主性」(Autonomy)、「有益性」(Beneficence)、「非傷害性」(Nonmaleficence)、「公正性」(Justice)、「忠誠」(Fidelity)、「真實」(True)。其中,非傷害性又稱為無傷害性,係指諮商師要覺

知自己的行為與介入措施不會傷害到當事人的倫理原則，也就是以當事人利益為最大考量進行諮商的倫理原則。

Normal Anxiety　正常的焦慮（存在）

存在主義認為焦慮是一種生活的狀況（Anxiety as a condition of life）。

正常的焦慮是成長的來源，改變的動機，反映自我覺察的程度，若個體在遭遇挫折而焦慮，並進一步要採取行動時所產生的緊張狀態，這是一種存在的焦慮。很多存在的挫折只是精神上的受苦而不是精神疾病。

Rollo May認為焦慮是人在面臨選擇時的一種生活狀態，並非疾病。焦慮與自由是一體的兩面，我們可以選擇放棄自由以逃離焦慮，也可以選擇冒險並為生命負責，此時將提昇個人自信，焦慮亦隨之減低。

存在主義治療的目的在於督促患者清楚地接受他對於自己的責任；藉著開放式的溝通，將人生觀與態度表示給當事人，在真誠的「你和我」關係中幫助當事人決定自己的命運。

Nurturing triad　滋養性三人關係

滋養性三人關係一詞主要由家族治療系統的Satir所提出，主要是說明家庭中的父母與小孩的三人關係，發展成滋養性三人關係的狀況。她強調家庭中三人關係不是只有發展成負面的關係，也可以形成一種滋養性的、正向積極關懷的關係模式。例如，父母親在養育和照顧孩子時，彼此之間形成的三人關係可以是支持性、溝通性與理解性的，這將有助於孩子的身心發展。

滋養性三人關係的家庭概念有別於多世代家族治療Bowen的概念，Bowen理論中的三角關係強調了在父母關係壓力過大時，會引進孩子當第三人以穩定關係，這種觀點比較由負面情況解釋三人關係。

N

O 字母之解釋名詞

Object　客體

　　客體是客體關係理論的重要概念。客體泛指個體在成長歷程中自己以外的他人或他物，在心理學中通常是指「重要他人」，如母親。依據個體出生後和客體的互動關係、情感連結、分離歷程等對個體內在心理的影響、成人後的行為，心理治療學派中發展出「客體關係」學派，其目的是聚焦在個體的經驗上，探討個體童年時和重要客體（通常是指母親）間的依附、分離歷程等經驗對該個體的影響。

Object Relations Theory　客體關係理論（精神分析；家族）

　　客體關係論源自Freud的精神分析理論，乃是當代眾多Freud理論修正學派的一支，此學派強調自我心理學，創始者為Fairbairn。其重要主張是反對Freud性心理階段論以性為最大動力的說法，而認為早期生活中自我（Self）與主要照顧者（通常是母親）的關係會不斷在內心重現，反映到現今與他人的關係之中。較重要的ORT論者包括了Klein、Fairbairn、Winnicott與Mahler等人。其中，Mahler認為自我乃經歷「自閉期」、「共生期」、「分離─個體化階段」、「客體恆存概念建立」等四個發展階段而成；Fairbairn認為個體過往原生家庭的不良情感連結，會延續到成年的婚姻系統中，影響與配偶及子女間的關係，嚴重者將會造成問題。

　　客體關係理論雖有許多不同的學者提出不同的觀點，但相同處皆認為藉由處理個體早期的親子關係與其中的經驗，有助於個體後續的

發展以及與他人關係上的連結。

Oedipus Complex　戀母情結（精神分析）；伊底帕斯情緒

　　Freud所創立的精神分析學派中，將個體的人格發展，分為幾個不同的階段。其中，「戀母情結」是個體在三至五歲性蕾期所會經歷的狀態。在性蕾期發展階段的兒童，會經由窺探自己的身體，發現兩性間的差異。而戀母情結是指男童對母親具有情慾、受到母親吸引，因此對父親產生敵意、想要除去父親。然而因為看到父親的強壯與其他女孩沒有陽具，而產生閹割焦慮，經過認同父親及行為上的模仿，而產生超我。進到潛伏期後，伊底帕斯情結消退，一直到青春期又再度活躍起來。青春期時透過客體選擇而對伊底帕斯情結有程度不等的修通。

OH Cards　OH卡

　　OH卡由心理學者Moritz Egetmeyer和藝術家Ely Raman 共同發明、由88張字卡和圖卡，一共176張組合而成，OH Publishing出版。為「投射型」卡片，應用主題為自我探索。每一張字卡和圖卡搭配都可以讓大家自由聯想，啟發個人的自覺力和創造力，最早OH是藉由團體遊戲的方式，彼此分享生活想法以及心理感觸而應用，可以運用於團體在暖身階段的分享和團體成員彼此認識了解。

On Line Counseling　線上諮商

　　線上諮商是因應現代科技發展下，所發展出來的一種晤談方式。

線上諮商通常有「電話諮商」、「網路諮商」兩種形式。線上諮商是治療師與個案分別在兩個不同的空間中，在同一個時段借用電話、網路的方式進行晤談。

線上諮商的優點是突破物理空間的限制、節省往返的車費與時間，其限制則為治療師無法蒐集個案的非語言訊息，並且在晤談的時空中容易受到外界干擾。

目前線上諮商和面對面諮商的效果，仍有待進一步的研究探討。

Open-Ended Questioning　開放式問話

開放式問話是治療師運用語言來蒐集個案資料、協助個案覺察自己問題與尋找解決方法的技術之一。不同於讓個案回答是與否的封閉性問題，開放式問話嘗試運用「如何（How）」、「什麼（What）」、「何時（When）」、「哪裡（Where）」等問句，協助個案有知有覺自己的所作所為。此外，治療師所服膺的學派會促使治療師的開放式問話有不同的呈現方式。

例如，面對一位覺得自己總是因為睡過頭而上學遲到的兒童個案，焦點解決取向的治療師企圖藉由沒有問題的狀態，來引導個案思考解決方法，因此採用奇蹟問句，運用開放式的問話詢問兒童個案：「如果有一天你睡醒，你看到鬧鐘的時間離上學還有足夠讓你刷牙、洗臉、穿衣服、整理書包、吃早餐，你想想看，那會發生什麼事情？」

Open System　開放系統（家族）

開放系統是家庭治療學派用來說明健康家庭中的溝通、互動型態。開放系統是指家庭成員間能夠接納彼此不同的意見，對於事情保

持著開放、討論的空間，同時允許家庭成員具有不同的獨特性，同時保有個己性與對家庭的凝聚力。此外，家庭成員彼此具有彈性的界線，並且能夠接收、消化外在世界的訊息，以因應家庭不同發展階段的變動與需要。

Oral Phase　口腔期（精神分析）

Freud所創立的精神分析學派中，將個體的慾力發展，分為幾個不同的階段。其中口腔期是指0-1歲的幼兒發展階段，Freud認為此時期嬰兒透過吸吮，同時滿足飢餓、並得到性的快感，此時期性的感覺中心在口唇一帶。

口腔期主要的任務在培養信賴感——相信別人、世界和自己。父母充分的關愛是防止懼怕、不穩定和不能適應的最佳保障。得到他人之愛的孩子能毫無困難地接受自我，如果孩子感到不被人需要、不被人接受和不為人所愛，那麼自我的接受就會產生困難，並產生口腔性格，諸如：抽菸、嚼口香糖、吃檳榔等顯性行為，或是以不信任的方式呈現。

Ordeal Therapy　考驗治療

考驗治療是一種用來處理婚姻或家庭的臨床治療方式，由Haley和Madanes發展出來。Haley和Madanes認為家庭的症狀顯示出某家庭為了控制其他成員而產生的溝通形式。因此考驗治療的治療方式是運用一些間接的方式，由治療者釐清家庭產生此種溝通形式的成因，並刺激家庭成員間直接互動、溝通、懺悔、赦免的儀式來解決家庭的問題，促進家庭成員擺脫控制型的溝通，發展健康的溝通型態。

例如，考驗治療者讓家暴妻子的先生直接跪在地上，請求妻子的

赦免，並承諾以後有不如意的事情，會改成打沙發而非打妻子，治療師引導先生自發的表現出內心的懺悔與流露出誠摯的情感，直到妻子全然接受、相信自己的先生後，考驗治療才算成功。

Overgeneralization　泛化（認知；理情）；過度類化

泛化，又稱之為「過度類化」，是Beck認知治療理論中，關於個體一些認知上的錯誤觀念與錯誤假設所造成的認知扭曲（Cognitive Distortions）。關於認知扭曲的種類有「獨斷推論」、「選擇性摘要」、「過度類化」、「誇大與貶低」、「個人化」、「標籤化和錯誤標籤化」及「極端化思考」等七類。

其中，泛化（過度類化）是指將某件意外事件所產生的極端信念，不恰當地應用在不相似的事件或情境中。例如，你對一個青少年諮商時碰到了困難，可能會下結論認為自己對青少年領域的諮商毫無成就；並有可能更過度泛化，認為這個狀況證明了自己對所有當事人的諮商都是徒勞無功的。多元和不同狀況的經驗有助於個人消除過度類化的認知形式。

O

P 字母之解釋名詞

Paradoxical Intervention 矛盾策略（家族）

「矛盾策略」是策略家庭治療學派和Adler學派所使用的治療技術之一。Haley相信矛盾策略介入會迫使家庭改變，因此策略家庭治療的治療者運用矛盾策略來切斷當事人的抗拒，並促成改變。為了切合問題狀況或當事人症狀的需要，他們會花許多精神在這個技術的設計上，治療者藉由取得控制權，顛覆原來掌控家庭的權力。

矛盾策略使用方式是讓當事人處於進退兩難的處境，迫使當事人最後得違背反向指令，而發生改變。治療者可能會要求當事人努力去做某個行為，甚至讓這個行為發揮到極至，其背後用意是為了迫使當事人和家庭關係尋找出路。例如，當事人抱怨無法入睡，就請他在夜間一直保持清醒，在這個過程中，個案因為放下自己原本的慾求，而在一種比較放鬆的狀態，反而容易進入放鬆的狀態。

Parent-Child Relatipnship 親子遊戲治療

親子遊戲治療是根基於兒童中心遊戲治療而發展出來的，也稱為「親子關係促進治療」。親子遊戲治療的基本信念之一，認為父母是孩子生活中最重要並且最具影響力的人，因此顧名思義，親子遊戲治療是以父母和孩子為主的遊戲治療，諮商師主要功能在於以教育模式的方式，訓練父母成為諮商師的代理人，協助父母透過遊戲的方式瞭解自己孩子的內心世界、感受、想法，從而發展正向親子關係。

Guerney提到親子遊戲治療的目標為透過遊戲，協助兒童對父母表

達內在需求及想法、發展自尊、自信及修正對父母原先的錯誤認知等。

Pavlovian Conditioning　巴卜洛夫制約反應

即classical conditioning（古典制約）。

PERSONA　人像卡

由Ely Raman設計、OH Publishing出版，共110張卡。為「投射型」牌卡，應用主題為自我探索。人像卡包含77張人物卡與33張互動卡，為以人際關係為主題的心理聯想卡，強調人的不同面向和互動。

Persona　面具人格（分析心理學）

面具人格是容格分析心理學中重要的概念，用以說明個體的人格面向。在分析心理學中，個體有「面具人格」、「阿尼瑪」、「阿尼瑪斯」、「陰影」等四個面向的人格。其中面具人格是我們用來保護自己的公開面貌，這樣的面貌在社會上，是較為多數人所接受的樣子。面具人格的功用，有助於個體掩藏自己「阿尼瑪」、「阿尼瑪斯」、「陰影」等內在個別性的人格面向，並使個體在面具人格下的行為表現方式，能夠符合某一特定角色或是社會情境，然而面具人格也容易使個體的人格無法成為一個整體，無法真正看見自己。

Person-Centered Approach　個人中心治療法

個人中心學派源自人本主義心理學，由Rogers所發展。其基本假設認為人們擁有自我瞭解以及自我解決問題的潛在能力，在特定的治療

關係中，個體能夠靠著自己的力量來達成自我成長，而不需要治療者指導性的介入。Rogers強調治療者的理論、技術是次要地位，而態度、人格特質，以及諮商關係品質，是讓治療過程產生效果的主要因素。個人中心治療法歷經四個時期：

1. 非指導性諮商：1940年代，有鑑於傳統心理分析取向諮商中的指導性，Rogers在1940年代開始發展非指導性的諮商方式，強調諮商者應創造開放和非指導性的晤談氣氛。

2. 當事人中心：1960年代，Rogers為了顯示諮商焦點在於個案，而非非指導性的方法，因而將取向重新命名為當事人中心治療。

3. 個人中心：在1961年開始，Rogers出版《成為一個人》，這個階段焦點轉向成為真實的自我，認為個案應該開放、信任自己的體驗，發展自我評價。

4. 第四個階段介於1970至1980年代之間，此時期取向特點是將個人中心治療廣泛運用到教育、工業、團體、衝突解決以及追求世界和平，Rogers成為聯合國的和平大使，致力於推廣世界和平的概念。

P

Personal Unconscious　個人潛意識（分析心理學）

見Collective Unconscious（集體潛意識）。

Personalization　個人化（認知）

「個人化」是Beck認知治療理論中，關於個體一些認知上的錯誤觀念與錯誤假設所造成的認知扭曲（Cognitive Distortions）。關於認知扭曲的種類有「獨斷推論」、「選擇性摘要」、「過度類化」、「誇大與貶低」、「個人化」、「標籤化和錯誤標籤化」及「極端化思考」等七類。

其中，個人化是指在沒有任何實際的理由下，將外在事件發生原因與自己產生關聯。

例如，當事人在第二次諮商時沒有出現，在沒有其他客觀條件協助評估個案缺席原因下，諮商師會堅信個案這次缺席是因為自己在第一次諮商差勁的表現所致，並告訴自己「都是我害了這位當事人，讓他持續陷入低潮，他大概再也不會找人諮商了」這樣的想法，是將個案的行為連接到自己的表現上，這樣的認知會使諮商師傾向負擔過多的個人責任，導致心理壓力。

Phallic Phase　性蕾期（精神分析）

性蕾期是三至五歲幼兒在發展階段中會經歷的歷程。精神分析學派認為此時期的幼兒將注意力集中在性器官上，藉由窺探身體，發現兩性間的差異，此時期同時是幼兒學習道德規範的時刻。該時期的幼兒容易產生「閹割焦慮」——男孩擔心失去自己的陰莖，Freud在小漢斯的案例上，就曾描述小漢斯因為看見出生妹妹沒有陰莖，而想像：「妹妹一定做錯了什麼事，才會失去她的陰莖。」因此，小漢斯也擔心自己會因為做錯事而失去陰莖。「陽具妒羨」——女孩因為發現自己沒有陰莖，認為是自己做錯事情造成的，並且羨慕男孩擁有陰莖。性器期發展最後階段，男孩會因為閹割焦慮以及對父親的認同而走過戀母情結，發展超我；女孩則因成熟與對母親的模仿走過戀父情結，發展超我，抑制內在衝動。

Phenomenology　現象學（阿德勒：存在）

現象學是指個人的主觀知覺、強調個體獨特的經驗與對經驗的詮釋。完形學派的現象學是指此時此刻所發生的事情及接受者所產生的

經驗。此外，現象學將焦點放在個體的知覺上，也是存在主義取向與個人中心取向的基本原理，呼籲治療者應該進入個案的主觀世界中，個人主觀世界的知覺並不一定是真實的，但是卻是當事人認為真實的經驗，治療師需要先進入這個經驗中，才能真正瞭解個案的現象場，亦即個案的知覺。現象學是指此描述狀況的理論。

例如，一位強調健康的人，其所處現象學中的現象場，他主觀認為定時飲食、偏好有機食品、不熬夜、抽菸、喝酒等都是他認定健康的方向。

Placating　討好型

討好型是Satir家族治療理論中用來說明家庭因應壓力時的溝通型態之一。

Satir 和Baldwin等人認為當壓力增加而對家庭系統有所威脅時，家庭成員會有「討好型」、「指責型」、「超理智型」、「打岔型」等四種用來因應壓力的防衛模式。

其中，討好型的家庭成員會感受不到自己的價值，而採取討好他人的行為來處理壓力，這樣行動的代價是犧牲自己來取悅他人。此類成員的特性是較脆弱、猶豫不決和忽略自己的。

例如，面對父母離婚的壓力，討好型的小孩會不斷的做好爸爸、媽媽交代的事情與要求，甚至犧牲自己和同學出去玩的時間也無所謂，認為這樣討好父母的方式可以讓父母開心而不離婚，透過討好去因應父母可能離婚的外在壓力。

Play Therapy　遊戲治療

遊戲治療是處理兒童心理問題的重要理論與方法。遊戲治療是藉

遊戲為方式，幫助兒童抒發情緒的困擾，使其人格得以正常發展，對適應困難兒童而言，採用遊戲治療是想達到下列目標：

1. 治療人員可藉遊戲為中介與兒童溝通，讓兒童在不知不覺中顯露出他的問題。
2. 經由遊戲活動可以讓兒童表露真情，滿足慾望，藉以發洩其不愉快情緒。
3. 遊戲活動中可經由角色扮演方式讓兒童體會相對角色（如父母）與自己的關係藉以改善其人際關係。

Pleasur Principle　快樂原則（精神分析）

精神分析學派將人格分為本我、自我、超我三個結構。其中，本我受「快樂原則」所支配，其個體行為目的是「避苦求樂」，藉由快樂原則的支配，個體能夠卸下緊張、焦慮，回到滿足慾望的快樂狀態，是基本的人類傾向。個體在出生後的第一年中，受快樂原則的支配最為明顯，嬰兒餓了就哭，喝飽就滿足，完全依據內在的生理渴望和滿足；不同於自我受現實原則所支配，當個體受享樂原則所支配時，會沒有道德觀念、缺少邏輯，內在會不惜一切代價，滿足自己的需求。

Positive Psychology　正向心理學

正向心理學是20世紀新生的心理學理論。有鑑於過去心理學理論多從問題成因、症狀探討個體的行為，正向心理學則是從個體內在資源角度探討個體內在能量如何協助個體突破逆境挫折。

前美國心理學會會長馬丁博士表示正向心理學的目標並非治療個體過去創傷，而是協助個體發現並運用自己內在的資源，從而增加解

決問題的能力、提升生活品質。由此可知，正向心理學從過去探討「問題發生原因」轉變為「有什麼力量可以因應問題」，將焦點放在個體正向力量，主要目標是從個人主觀經驗、個人的性格、環境脈絡中正向因子等面向提升個體因應逆境的能力。

正向心理學在諮商領域上的應用在於諮商師應用正向心理學的觀點，協助在逆境中的當事人找尋自己正向的資源、力量，從而突破困境。例如，諮商師協助一位無預警被裁員的工廠作業員從社會福利資源中取得失業補助金、從自己能力中看到自己擅於做點心，因此經過評估後，決定小額資本創業賣雞蛋糕，一步步看見自己的才華，運用資源走出逆境。

Positive Transference　正向移情

正向移情是Freud精神分析學派中提及治療師和個案的一種移情關係。正向移情是指在治療歷程中，個案將過去重要他人的正向情感或幻想在潛意識下轉移到治療師身上。

例如，個案潛意識中將對過世母親的思念與愛意投射到治療師身上，對於治療師有深深的傾慕之情，在治療的關係中，正向移情是個案來談的重要動力，這個動力會讓個案願意定期來到諮商室，探索自己。和正向移情相對的是負向移情，負向移情是治療中的主要工作重點，修通負向移情才有機會達到使潛意識意識化的狀況。

Post-Modernism　後現代諮商取向

以後建構主義（Post-structucturalism）為基礎，後現代取向治療的主要理念包含了主體性（每個人都是有其價值與觀點的主體）、意義（意義是從人的互動中共同創造出來）以及語言（語言使用的重要

性）。

　　後現代諮商有三個核心假設：（1）個人與家庭都是自我規範（Self-organizing）的系統，會自我更新（Self-renewing）與自我參照（Self-referential）；（2）個人與集體的知識來自於個人與社會所建構的象徵過程、現實是相關連並且可以改變的；（3）結構的拓展經由整體、位階式的轉換為更大的情況。結構呈現多樣化、強調合作與權威的分離。「後現代取向」的範疇包括了敘事治療、焦點解決治療、合作治療等。

Post Traumatic Growth（簡稱PTG）　創傷後成長

　　創傷後成長是由Tedeschi與Calhoun提出有關創傷的重要概念。創傷後成長是指個體在創傷事件或壓力事件後，覺察到自己在心理上的正向改變，從而改變人生目標及重新投入新的生活。創傷後成長可以歸為三大類，分別是「改變對自我的知覺」、「改變與他人的關係」與「改變個人的人生哲學」。例如：雪柔原本和先生非常相愛，因為先生意外在健身房猝死，雪柔經歷先生意外離世的創傷，藉由親人陪伴、朋友安慰，和孩子的支持力量，雪柔走過創傷，改變了自己以工作為主的生活，也花更多時間和家人在一起，體會美好的互動，更重要的是，創傷之後雪柔學到用「珍惜」的態度面對所有的人際關係。

Posttraumatic Play　創傷後遊戲

　　創傷後遊戲是由Terr根據臨床經驗的發現所提出的，這是有關兒童創傷的重要概念。創傷後遊戲是指兒童在創傷事件後，因為不時出現的記憶和片段，因而不斷重複或重演與創傷經驗相關的遊戲行為。兒童確實可以透過不斷再現創傷情境外化創傷、減緩創傷衝擊性和拿回

自控感。但是，如果創傷後遊戲是僵化且無法解決問題，那麼長時間暴露於創傷情境中，就有可能增加兒童的恐懼感。因此，在治療情境中，治療師陪伴兒童重演創傷後遊戲時，提供創意、修復和出路，才能有效幫助兒童走出創傷，達到自我成長。

Posttraumatic Stress Disorder（簡稱PTSD）　創傷後壓力症候群

創傷後壓力症候群指個體在遭受巨大壓力事件如大地震之後，所引發的身心調適不良的焦慮疾患。這些壓力的事件如大地震後的居民，或是遭受喪子之痛的父母等。當下述症狀持續一個月以上，稱之，其主要現象有：

1.個人持續地反覆體驗該創傷事件。

2.個人持續避開與創傷有關聯的刺激。

3.個人有持續提高警覺的狀態。

4.有注意力難以集中和記憶受損的情形。

5.出現沮喪、憂鬱的感覺等症狀。

PTSD的治療首重情緒的抒發與修復失落，在生命中尋找意義，整合壓力或災難帶來的生命痛苦。

Power　權力（現實）

現實治療法由Glasser所發展。現實治療的基本假設，認為個體有生存、愛與歸屬、權力、自由、享樂等五個基本心理需求。其中，權力是一種協助個體完成工作、提升自尊、自我價值的內在驅力。

在真實的人生中，人們透過權力的內在驅使，可以在工作或人際關係中提升自尊與完成工作。

Power Analysis　權力分析

　　權力分析是女性主義治療的重要概念，是指運用一些方式來幫助當事人理解，不平等的權力和不平等的資源，如何影響一個人的現實狀況。在諮商中，透過提問和反思，幫助個案了解社會、文化如何透過不公平的階層體制、權力結構、資源分配來形成權力差異，使個人的想法與行動受到限制。同時幫助個案找到自己的權力地位和資源，達到自我的成長。例如：先生以「男主外、女主內」為由，不讓太太外出工作、限制太太對外的社交需求，使其自主、生存的工作條件受限，久而久之，導致太太誤認自己無法獨立工作生活，需要完全仰賴先生的收入和意見。直到諮商時透過權力分析，太太才發現夫妻間的權力差異，慢慢找到自己的自我、能力與資源，開始肯定自己，建立信心，慢慢實踐自己的目標與價值。

Pregential Period　前性器期

　　前性器期是個體經歷口腔期、肛門期、性蕾期三個階段的總稱，是精神分析學派關於個體人格發展的概念之一。前性器期約從出生到六歲這個階段，主要特徵是自戀或是一種自我中心的主觀傾向。

Pressure Detection Scale　樊氏壓力量表

　　樊氏壓力量表主要在瞭解個人的壓力反應模式，共有21題，分為四個分量表，分量表A：分數越高，表示面對壓力時生理反應越明顯。通常顯現在內分泌或食慾等方面。建議藉由肢體活動，讓壓力有排解的去處，而不至於壓抑影響體內健康。分量表B：分數越高，表示面對壓力時認知反應越明顯。通常顯現在思考與對事物認知等方面。建議

藉由改變思考方式與信念排解壓力，使思緒清晰、明快。分量表C：分數越高，表示面對壓力時情緒狀態越明顯。通常顯現在心情與感受等面向。分量表D：分數越高，表示面對壓力時行為表現越明顯。建議藉由察覺來瞭解並處裡自己所承受壓力。

樊氏壓力量表施測結果可瞭解個人壓力類型，並針對類型給予明確舒壓建議，達到壓力緩解的目的。

Prevention of Mental Health　心理衛生的三級預防

心理衛生工作依據服務人數與服務性質可以分成「初級預防」、「次級預防」及「三級預防」等三個層次，如同金字塔般，越下面的人數越多，其推廣、預防性的意味越濃。

三級預防又稱「診斷治療」，乃針對嚴重問題的個體進行行為、各種治療及復健措施，期能預防個體社會功能退化，面對這樣的當事人，協助人員通常需要團隊間的相互合作，方能收到事半功倍的效果。例如，面對一位憂鬱症、有自殺危機的學生，學校諮商中心的諮商師、個案管理人員、導師、教官、當事人的重要資源等系統必須被連結，若有需要，也要與醫院進行合作，建立網絡，協助當事人就醫和用藥。一般而言，精神疾患如精神分裂和躁鬱症的患者都是學校系統中三級預防重點處理的個案，需要透過用藥和心理治療給予協助。

P

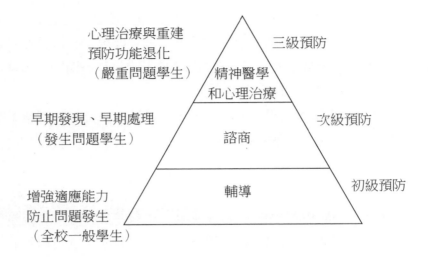

心理治療與重建　　　　　　三級預防
預防功能退化
（嚴重問題學生）　　精神醫學
　　　　　　　　　　和心理治療

早期發現、早期處理　　　　　次級預防
（發生問題學生）　　　諮商

增強適應能力　　　　輔導　　　初級預防
防止問題發生
（全校一般學生）

Primary Empathy　初層次的同理心

　　主要是傳達諮商師對當事人的感覺與經驗的瞭解。諮商師以自己
的詞彙與方式使當事人知道他已瞭解由當事人「明白表示」出來的感
覺與經驗。通常用在諮商初期。初層次同理心有二項基本作用：
1.與當事人建立良好關係：當一個人感覺被瞭解，會對瞭解他的人產生
　親密，信任的感覺。
2.增加當事人的自我探討，並逐漸提高當事人自我探討的層次。

Privileged Communication　溝通特權

　　溝通特權是諮商倫理議題當中的重要概念。溝通特權是一種法律
概念，是指除非當事人放棄自己的權利，不然當事人在諮商室中對諮
商師所提及的晤談內容不得在法庭當中被陳述出來的法律概念，也就
是說，諮商師有保密的法律責任。

Problem-Centered Groups 　以問題為中心之團體

團體係由諮商師與數名當事人透過人際間交互溝通的活動，以協助當事人探討問題及伴隨而來的感受，在全體參與者彼此支持、回饋中，培養面對困難的勇氣與責任感，學習解決問題的技術，同時發展適切的態度與價值觀，成為健全而能充分發揮功能的個體。

依據不同的性質，可將團體分為「開放式團體」與「封閉式團體」；依據團體所欲達成的目的，可分為「敏感訓練團體」（Sensitive-training Group）、「任務導向團體」（Task Oriented Group）、「感覺覺察團體」（Sensory Awareness Group）、「問題中心團體」（Problem-centered Groups）等。以問題為中心的團體，是指團體的組成有明確的目的，是想要解決某種特定的問題，其成員在某些問題上的同質性是高的。例如，戒菸團體很明確的是要解決關於戒菸的議題。

P

Professional Burnout 　專業枯竭

專業枯竭是諮商員在職場上容易出現的職業倦怠狀態，也是諮商員專業發展歷程中一種不可避免的困境。專業枯竭是指諮商員抱怨自己的工作、覺得自己沒有辦法再付出，對自己工作喪失熱情、無意義感、不被欣賞，每天機械化重複工作內容……等現象。

諮商師應保有覺察自己在專業枯竭時的現象，並在日常生活中學習發展其他興趣，藉以做適度的調節，並且在專業助人工作上，藉由工作坊、督導的方式不斷自我進修，提升自己的專業能力，並透過自我修復的機制免於專業枯竭的狀況。

Projection　投射（精神分析，分析心理學）

投射是神經生理學及心理學普遍使用的一個詞，指涉將某種心理特質外置的過程。精神分析在使用投射一詞時指的是個體無意識的將自己無法接受的思想、感情、行動堆疊到他人身上，並責怪他人，但該責怪與現實不符合。例如，一位曾經被劈腿的女生，在情人節當天投射自己的想法於一個和自己劈腿男友氣質相似的男生，看到他手中拿的花，認為他是要去找另外一位女友，並氣憤其感情不忠。

Projective Identification　投射認同（精神分析）

投射認同為精神分析師Klein所提出，Klein認為投射性認同是一種防衛機制，乃是個人將某部分的自我投射到他人身上，再藉由認同被投射的對象，以求控制住分裂的自我。它是投射者與接收者在潛意識中所進行的一種雙向互動的歷程，也是人我間溝通的基本機制。

例如，A小姐覺得自己一點都不可愛，而深深依賴並嫉妒著好友B小姐。A小姐把各種希望自己擁有的正向特質者投射在B身上，並藉著對B小姐的依賴關係來擁有這些好的特質，她覺得若失去了B，她將一無是處。A與B這種微妙的互動關係乃是「投射性認同」。

Projective Test　投射測驗

投射測驗是心理學的一類人格測試方法。和客觀測驗（Objective Test）不同，其測試給受測者一系列的模糊刺激，要求受測者敘述模式、完成圖示或講述故事。最常用的投射測驗，包括羅夏墨跡測驗和主題理解測驗（Thematic Apperception Test）。

Prozac　百憂解

當代許多關於精神疾病的基因研究指出個體之所以會有精神疾病的產生，和大腦內部化學物質「血清素」濃度偏低有關。研究結果指出，當大腦內部血清素濃度偏低，憂鬱症、暴力等相關特質產生現象偏高。

「百憂解」這類藥物的功能，就是阻斷人體內血清素的回收功能，提高細胞間突觸區血清素的濃度，臨床證實此類藥物運用在憂鬱症患者身上，可以明顯協助患者病情好轉，使病人不再陷入深沉的憂鬱情緒中。

在藥物與心理治療的雙管齊下，是協助憂鬱症患者復原的有效方式，當百憂解協助個案生理功能維持一個較平穩的狀態後，心理談話的加入，可以協助病患有效覺察自己情緒變化、負面自我認知對自我的影響，進而學會自我照護、與自我共處。

P

Psychoanalytic Therapy　精神分析治療

精神分析治療由Freud所發展，其觀點影響著當代的心理治療。Freud的精神分析治療是一種人格發展模式、一種人性哲學，也是一種心理治療方法。其貢獻讓以生理為主的醫學時代注意到行為背後的心理動力因素。

早期精神分析治療假定個體的行為是由潛意識動機及生命的前六年在心性發展的關鍵時期所演變出來，受生物與本能驅力所決定，屬於決定論。

當代精神分析發展趨勢包括自體心理學與客體關係理論。客體關係理論係指人際關係在個人內心想像中的表徵，當代精神分析保留原有理論的精華，並將原本決定論的概念擴張包含自體、關係、靈性層面等內涵。

Psychodrama　心理劇

　　心理劇是由Moreno於1934年所提出，是「在心理治療中一種自發性戲劇演出的形式」，在治療中由非語言的溝通方式呈現出個案的內在狀態，例如，姿勢、臉部表情、沉默等等的呈現，表達出基本的感覺。創始人Moreno認為心理劇的原則是：除非重視個人的人際關係和人格動力，否則個人內心的問題是不可能解決的。因此，我們必須瞭解個人的社交結構之後，才能瞭解他的特殊問題。而心理劇治療的目的即在於嘗試幫助個人瞭解它自己獨特的人際關係和人格結構。其基本概念包括淨化、心電感應、轉移等等。而治療者的角色是整個劇場的導演，導演透過個案肢體的表達和呈現內心世界，輔角的選擇和心理位置的移動幫助主角去探索他本身的問題所在。此技術通常較適用於團體治療。

Psychodynamics　心理動力（精神分析）

　　心理動力是精神分析的重要名詞，用來說明個體內在衝突的動力性運作過程。精神分析學派認為人格有「本我」、「自我」、「超我」三種結構，彼此又分別受「享樂原則」、「現實原則」、「道德原則」所支配。個體的行為就是這三個人格結構動力運作後的結果，此一歷程，即精神分析學派所指的「心理動力」。基本上，人的精神能量是有限的，會在三種人格結構中移動，自我是本我慾想和超我道德的協調者，這種在人格間轉換能量的形式就是心理動力。

　　例如，經由內在心理動力的運作，讓一位受道德原則所支配的大學生，壓下內心想要翹課出去玩樂的本我，而讓自我展現在課堂上認真聽講，想要將來在專業上有所成就。

Ⓡ 字母之解釋名詞

Radical Feminists　激進女性主義者

　　女性主義治療強調從個案所處的脈絡中瞭解其對問題產生的影響；此外，女性主義計有「自由女性主義」、「文化女性主義」、「激進女性主義」、「社會主義女性主義」四大派別，其差異處在於對造成個案壓迫成因及改變社會的方法觀點不同。

　　激進女性主義者將焦點放在社會階級所製造出來的結構對女性的壓迫，並呼籲以實際行動的方式改變社會，其治療目標為改造社會階級中對女性的不平等與壓迫，目的在轉變社會制度、增加女性在性與生育方面的自主權。

R

Rational-Emotive Behavior Therapy（簡稱REBT）　理情治療

　　理情治療由Ellis所發展，這個取向強調思考、判斷與行動對個體行為與問題成因的重要性。理情治療認為個體從他人身上、自己成長過程中，會內化、自我複製一些非理性信念，因此，治療的過程中，治療師運用技術駁斥個體的非理性信念，從中獲得建設性的成長與問題解決。

　　理情治療的基本假定認為認知、情緒和行為間彼此具有高度的關聯性，事件（A）並非是造成結果的主因（C），而是對事件的認知（B）才是問題主因。因此，情緒主要由個體內在對事物的信念、評價與解釋所產生，因此當個體的認知改變時，其行為會跟著改變，而治療師就是協助個案駁斥（D）自己的非理性信念，進而達到不同的效果

（E）與感受（F）。

例如，治療師協助個案看到考試不及格（事件A）並不是造成心情不好的結果（C），而是對於考試不及格背後認為自己是一個失敗的人的信念（B），造成自己心情不好，藉由駁斥（D）這個非理性信念，改以「我要修正自己的準備方法」取代，將會產生新的效果（E）與感受（F）。

Rational- Emotive Imagery　理情想像

理情想像是認知行為治療法的技術之一。理情想像是一種藉由「想像」與「行動」的方式，來建立新的情緒與行為模式。諮商師邀請當事人先具體、詳細的將自己內在期望的個人特質做清楚的描述，該描述包含擁有該特質時，個體的情緒、認知，以及外顯行為等。然後諮商師邀請當事人想像當這個特質發生在自己身上時，自己的狀態，最後，諮商師會邀請當事人在日常生活中去扮演這個特質，將之付諸於行動。

理情想像技術除了協助當事人建立新的情緒與行為模式外，有時候諮商師也邀請當事人藉由理情想像技術去經驗、感受自己在面對困擾與負向事件時，自己的混亂與不安，從而轉變這些負向情感。

例如，諮商師邀請一位在人際上習慣討好、當招喚獸被呼來喝去的當事人，藉由想像當自己學會適度「拒絕」時自己的認知、行為、情緒，並進一步在生活中嘗試將這個特質付諸行動，從而在人際關係中，能夠更自然的表現自己。

Rationalization　合理化作用

　　　　合理化作用是精神分析學派中自我防衛機轉中重要的概念之一。

合理化作用是指個體在面對某些可能讓自我受到傷害的事情時，潛意識中編造出「很好的理由」，用以解釋自己的行為，使自己的行為具有正當性，此舉有助於緩和自我因為失望所帶來的痛苦，例如，酸葡萄、甜檸檬的心理；追求一位女孩沒有成功，自己告訴自己：「對方也沒有長得多好看。」讓自己的失望不至於太大。

Reaction Formation　反向作用

反向作用是精神分析學派自我防衛機轉之一。當個體要抗拒內在具有威脅性的衝動或願望時，若潛意識採用「反向作用」防衛機轉，那麼個體會表現出與內在衝動相反的行為來克服內在的罪惡感覺，藉以逃避、不正視自己因為各種不當慾念所產生的焦慮。例如，一位潛意識中想要和女友分手的男生，卻表現出處處呵護、不斷電話關心（每30分鐘聯絡一次，並且連半夜也經常、持續性的打電話）、訴說自己愛意的相反行為，結果女友感受到一個很沉重又困惑的愛。

Reality Principle　現實原則（精神分析）

本我、自我、超我是精神分析學派對於人格的重要觀念，分別受享樂原則、現實原則、道德原則所規範。其中，「現實原則」支配自我，讓自己的所作所為符合社會的要求，並且對事物能夠做合理的思考、有系統的滿足個體內在本我的需求，並調和本我與超我間的紛爭。

例如，一位上班的員工，其自我受現實原則所支配，能夠讓自己壓下想要翹班出去玩樂的心態，專心上班，達成預期的工作目標。

R

Reality Therapy　現實治療

現實治療是由William Glasser所發展出來的心理治療理論，現實治療法是一個經過數十年時間發展出來的治療理論。Glasser早期初步指出諮商師協助當事人擬定計畫，鼓勵當事人不接受任何藉口，在執行計畫歷程中勇於努力，不被挫折打敗，從而達到目標，解決自己的問題。

1960年代，Glasser在《心理健康或心理疾病？》一書中提出個體的自我功能不良將導致心理疾病，因此諮商師的功能在於有目的性的協助當事人覺察自己的內在需求，並且在現實環境中，有計劃性的恢復自我功能。

1965年Glasser《現實治療法》一書問世後，其理論開始為世人所重視。在1980年代，Glasser加入「控制理論」，藉此用以解釋個體行為的產生是受到個人內在優質世界、內在需求的牽引，個體的行為受到「行動」、「思想」、「感覺」、「生理狀態」等總合行為的影響，其中行動思想會影響感覺和生理狀態；在1990年代，Glasser更進一步將之改名為「選擇理論」，更強調個體是可以主動選擇自己的行為，人可以選擇自己的生活。Glasser運用《永不失敗的學校》一書，將現實治療理論致力推廣於學校輔導當中，協助學生從學習中獲得成就與滿足感，從而改變個體的行為。

由現實治療法的發展歷程可以看到，現實治療法的特徵在於聚焦在當事人可以掌握的部分，並且強調諮商師應協助當事人瞭解個體內在需求，從而擬定適合的執行計畫，並為自己所選擇的生活負起責任。

Recognition Reflex　再認反射

再認反射是Adler早期在與兒童工作的臨床中，用來描述兒童認同

了治療師說法的動作。後來，Dreikurs發現兒童的不適當行為是為了達到某種目的，Dreikurs從兒童對於這些描述的微笑、眨眼動作中，確認自己是否有正確的評估出兒童不良行為目的，並藉由這個再認反射瞭解兒童行為背後的動機、目的。

例如，治療師從兒童眨眼的再認反射中，瞭解兒童尿床背後的動機是為了尋求父母的注意力。

Redecision　再決定

溝通分析法（Transactional Analysis，簡稱TA）是由Berne所創始的一種心理治療。其人性哲學觀確信人類可超越早年制約，同時認為人有能力瞭解過去而可做新的抉擇。溝通分析的基本目標是在幫個案覺察早期決定深切影響到選擇的自由，而經由「再決定」的歷程，對於過往發生的事情給予新的決定與行動，協助當事人排除不適當的腳本及生活地位，進而建立一全新且具生產力的生活腳本及地位。

例如，個案國中受到幫派的誘惑，輟學當了古惑仔，進入感化院後，經諮商員的協助，重新看待自己的過往經驗，重新決定日後要回學校完成未完成的學業，並透過行動的選擇和實踐，為自己創造了新的生命劇本。

Reflecting Team　反思性團隊

反思性團隊最早是由Tom Andersen所發展運用於家庭治療的一種治療技巧。反思性團隊是指在家庭知後同意下，當家庭在進行諮商時，觀察小組在單面鏡後面觀察，並將所觀察到的現象與家庭進行分享，其所扮演的角色如同諮商師的智囊團。

反思性團隊的治療技術，優點是能提供家庭更多元的視角與不同

的思考面向，然而其限制在於家庭在進行談話的歷程中，可能感受到被觀察、被研究的不舒服感。

Reflection 反映

反映是治療師所採用的治療技術之一。諮商師針對當事人所表達的內容、情緒與意義，如同鏡子一般的反映給當事人而不加入諮商師個人主觀的反應。

反映是指治療師不只是表面反映個案言語的內容外，更進一步的反映出其行為背後的動機、目的，協助個案提高對自己行為的覺察。例如，治療師反映個案哭泣行為背後是對自己被男友背叛的難過。

Reframing 重新架構（家族）

重新架構是一種以新的視野來詮釋原來問題的一種諮商技術。重新架構的假設為當個體對原來的問題以新的眼光來解讀時，會改變個體對問題的意義與產生新的觀點。

例如，面對一位妻子將大部分的時間投入宗教中，進而影響家庭的運作功能，治療師將妻子的行為解釋為她因為孩子已經長大，覺得自己想要化小愛為大愛，而不是將此行為貼上宗教狂熱的標籤，讓妻子對自己的行為有新的看法和觀點。

Regression 退化作用

退化作用是精神分析學派及現代心理學經常提及的一種心理歷程。退化作用是指個體在面對具有威脅性的事件時，其行為模式回到早期發展階段中，藉由在這個早期階段中，個體能夠感受到安全，藉

此降低其外在的焦慮。當個體面臨巨大的壓力或嚴酷的挑戰時，因為退化作用，致使個體以不成熟、不恰當的方式因應外在壓力。例如，一位長期找不到工作的畢業生，退回到早期的發展階段，沉迷於網路遊戲當中。目前所謂的宅男宅女，在人際關係都有退回的現象。

Relationship Therapy　關係治療

Becvar及Becvar在1996年認為「關係治療」較家庭治療的名稱更適合說明個體和家庭系統在生活、關係互動上的緊密連結性，同時一部分系統的改變會造成其他部分的改變，因此治療目標並非在治療這個家庭，而是改變家庭中成員間的「關係」。因此有學者提出以「關係治療」來說明對家庭動力進行治療更為貼切。

R

Relaxation Training　鬆弛訓練

鬆弛訓練是行為主義的治療技術之一，其目的是協助個案應付生活壓力。鬆弛訓練的方法，是教導個案在安靜的環境下，以被動和放鬆的姿勢，進行肌肉的緊繃與放鬆之交替練習，其部位從臉部五官表情到四肢循序漸進的進行。在進行鬆弛訓練的同時，個案也可以專注於快樂的事情與想像上，藉此學習心裡上的放鬆。

在進行鬆弛訓練中，治療師會鼓勵個案確實體驗肌肉的鬆與緊的過程，體驗兩者間的差異，此一方式經常使用於壓力、焦慮相關問題上，而Jacobson更進一步在1938年首先發展出漸進式的鬆弛技術，此法可與自我肯定訓練、系統減敏感法等其他行為治療技術合併使用，以達到最大的效果。

Repression　壓（潛）抑作用

　　壓（潛）抑作用是精神分析學派在個體內在自我防衛機轉中最重要的概念之一，也是其他防衛機轉與精神官能症的基本機制。個體在面對具有高度威脅與痛苦的事件時，若採用壓抑的防衛方式，會將這些個體無法承受的威脅、痛苦全部排除到意識層之外。精神分析學派認為，個體會將出生前五年當中痛苦的事件壓抑到潛意識當中，即便個體長大後不復記憶，但卻會影響著日後的行為，造成生命中的盲點。例如一位三歲時被火燒傷的小孩，長大後雖然忘記燒傷的事情，但是看到火就會有想逃開的感覺。

Resilience　復原力

　　復原力是近代家族治療中的重要概念。就心理學領域而言，復原力起源於兒童精神病理學，研究逆境中的兒童如何達到正向的結果。Werner & Smith在1982年對出生於Kauai島環境相似（父母離婚、酗酒、心理疾病）的兒童進行縱貫研究，結果顯示1/3的兒童並未和父母一樣發展出負向行為，反而發展成為有能力、照顧他人的成人。

　　此類探討逆境中的個體如何突破逆境，達到正向結果之歷程即稱為復原力，復原力包含「逆境事件」、「危險因子與保護因子」、「正向適應」等三個內涵。在諮商領域的應用上，諮商師可藉由復原力的概念協助處在逆境中的當事人覺察自己的正向資源，從而解決問題。

　　例如受虐婦女在走出自己的傷害後，在中途之家致力於協助受暴力威脅的當事人。

Resilience Process　復原歷程

復原歷程是近代探討個體如何正向面對問題的新興心理學觀點。個體在經歷逆境事件後，個體的自我功能、心理狀態經過一連串的修復，回到逆境事件前或是比在經歷逆境事件前更好的狀態，這一連串復原的過程，就稱之為「復原歷程」。復原歷程是一段長期、非線性式的反反覆覆、來來回回的心靈修復旅程，像是DNA的螺旋向上的一種狀態。

在創傷後壓力症候群的復原歷程上，目前可區分為「緊急安置與宣洩期」、「麻木否認期」、「不斷遭受干擾期」、「轉換期」、「統整期」等五個階段。當事人在經歷復原歷程中，諮商師主要任務在於陪伴，以及評估當事人未來變化與發展，有時也具有教育性質，協助當事人覺知正常與異常的悲傷反應。

例如，一位受到性侵害事件的當事人，其生活中自我功能嚴重受到干擾，包括不自主的哭泣、不斷回憶當時情境、無法專注、否認、自我批判等狀況，諮商師從初期協助當事人宣洩該事件中的情緒、穩定日常功能；中後期協助當事人漸漸接納這件事情，並轉換、統整對此事件的認知、想法、對自己的影響。此一歷程即復原歷程。聖嚴法師提到的「面對它、接受它、處理它、放下它」也是復原歷程的一種智慧說明。

Resistance　抗拒（精神分析）

抗拒是精神分析視為一種對抗焦慮的防衛方式，在分析式心理治療歷程中經常出現，Freud認為抗拒是個體用來防衛當覺察自己所壓抑的衝動與情感時會出現難以忍受的焦慮與痛苦之潛意識意識化的動力過程。抗拒是為了阻礙潛意識的素材浮現到意識層之歷程。

在Freud的精神分析治療中，有「維持分析架構」、「自由聯

想」、「詮釋」、「夢的解析」、「抗拒的分析與詮釋」、「移情作用的分析與詮釋」等六大基本技術。在抗拒的分析與詮釋中，分析師讓個案自由聯想的過程，並從中詮釋個案最明顯的抗拒表象，以降低個案抗拒接受詮釋之可能性，然後，分析師進一步協助個案建設性的減低不必要的自我防衛。沒有抗拒就沒有精神分析，因為分析是針對受壓抑的意識，壓抑的事要呈現，本身就會有阻抗的現象，也就是抗拒。

Resistances to Contact　抗拒接觸

　　抗拒接觸是完形學派的概念，係指個體因為期待被接納所以不輕易表達自己真正的情感與意見，從而避免衝突。包含精神混亂的解離歷程，使個體無法與外在環境保持持續性的接觸，或是無法清楚覺察自我與環境分化程度的混淆狀態，無法清楚地覺察，清楚區分內在經驗與外在現實間的關聯。

　　完形學派中有以下五種主要「抗拒接觸」的方式：

1.內化：指個體對外在的訊息未曾消化、吸收、分析重組，完全不排斥的吞入、認同他人的標準與想法，例如永遠呼應別人的意見。

2.投射：將和自我概念不同的人格特質歸諸於他人身上，而不承認那也是自己的一部分。這樣的抗拒接觸多是逃避了自己的情感和責任，也使自己喪失改變能力。

3.回攝：指個體的行為反映出將想對別人做的或希望別人對自己做的全部轉向給自己，此一歷程阻礙個體與環境的互動。

4.解離：一種精神混亂的狀態，使個體無法與環境保持持續性的接觸。諸如只談論他人問題，很少談及自己的內在狀態。

5.混淆：係指自我和環境間的無法清楚分化，認為所有人都經歷著同樣的思想和情感。

完形的治療主要是協助個案從抗拒接觸的狀態到接觸自我的狀態，接觸是覺察的前奏，也是面對真實朝向真相的第一步，經過接觸和覺察，進而達到統整的人格。

Respect　尊重

Rogers用「無條件的積極關懷」（Unconditional Positive Regard）來表達諮商師把個案視為一個完全獨立的個體，認為每個人都擁有屬於自己的感受與經驗，接受他是與別人不一樣的尊重。

諮商員在諮商歷程的協助前階段首先需要先與個案建立良好關係，諮商師以專注、傾聽表現出對個案的尊重，增加個案表達意願、增加其自我探索。

Retroflection　回攝

回攝是完形學派用以衡量個體如何對環境採用防衛的方式，讓自己抗拒與真實的自己做接觸。回攝是指個體的行為反映出將想對別人做的或希望別人對自己做的全部轉向給自己，這樣的防衛方式，使自己失去了與他人、環境做真實接觸的機會。就如同想攻擊別人時，我們常會因自責和害怕轉而傷害自己，這是將攻擊轉向自己。

例如，便利貼女孩希望別人能夠接納、喜歡自己，於是對他人表現出過度的接受，凡事別人的請求都來者不拒，常將「對不起」、「沒關係」、「無所謂」、「我來就好」等字眼掛在嘴邊，即便公司同事採用呼之即來、揮之即去的態度對待，而讓自身的權益受損害也無所謂。便利貼女孩藉由轉向自己回攝的防衛方式，抗拒與覺得自己受到委屈、環境不友善的真實情境做接觸，只是不斷接受別人。

Reversal Technique　倒轉技術

倒轉技術是完形治療學派用來協助個案覺察自己將自己的部分自我摒除在外，協助個體與這些被摒除的自己做接觸的方法之一。使用倒轉技術的諮商員會藉由不同的實驗，邀請個案扮演與現在不同的自己，從中覺察這樣的自己的感覺、想法，藉此達到人格的統整，有時也會採用家庭作業的方式，讓個案在生活中進行這項實驗，並在晤談中討論效果。

例如，諮商師讓一位在家庭採軍事化訓練長大，而一板一眼的個案扮演完全不同的自己，嘗試學習適度的展現幽默、輕鬆的一面。諮商師並協助個案從中覺察這被排除在外的自己，達到人格的統整。

Ripple Cards　漣漪卡

由Kim Chan以及Kelly Tsou共同設計。一共有48張，為「正向型」卡片、應用主題為自我探索。當使用漣漪卡時，會有兩個漣漪的效應。使用「斷言」（積極正面的自我談話）來維持正面與愉快的情緒是內在的漣漪，而這愉悅的狀況會創造另一個漣漪、影響周圍的人。

Role-Playing　角色扮演（心理劇）

認知行為治療有「認知方法」、「情緒技術」「行為技術」等三種技術。其中情緒技術又有「情緒想像」、「角色扮演」、「攻擊羞愧感練習」、「力量與活力的使用」等幾種方法。

其中，角色扮演包含認知與情緒兩個部分，治療者藉由個案扮演自己的問題行為時，治療師的重點在於指出個體行為背後潛藏的非理性信念，經由個案覺察後，再一次經由角色扮演自己可以採取的改

變，以期取代原先不適當的行為、情緒。

例如，一位考研究所的學生通過筆試階段，卻因為怕被拒絕而打算放棄參加第二階段的面試。此時治療師讓個案角色扮演此一狀況，並從中指出、挑戰個案覺得自己「沒錄取就是自己能力不足」的非理性信念。

Role Reversal　角色互換（心理劇）

角色互換是心理劇中導演在進行角色轉換時的重要術語。心理劇當中的主角會邀請團體中的某一成員成為擔任自己的輔角，以及其他成員擔任與事件相關的其他重要他人。當主角在舞臺上佈置好自己內心的狀態，主角先演出自己真實的狀態，再和輔角交換角色，以便能在輔角演出自己時，站在另一個客觀的位置瞭解自己。

R

Role Training　角色訓練（心理劇）

如同行為預演般，在心理劇當中導演邀請個案先預演將來可能發生的情境，以及自己的處理方式，以便日後能有更恰當的因應技巧。

Ⓢ 字母之解釋名詞

Scaling Question　量尺問句

　　量尺問句是焦點解決學派的技術之一。焦點解決學派由Steven de Shazer和Insoo Kim Berg所發展。其基本假設認為當事人是自己問題的專家，面對當事人的問題以朝向未來及問題解決的觀點協助改變的發生。焦點解決學派的主要技術包括「量尺問句」、「例外問句」、「假設性問句」、「水晶球問句」等。

　　量尺問句是諮商師以問句的方式，協助當事人量化自己對問題的內在狀態、感受程度，通常以0-10分表達，其目的是為了協助當事人具體化自己的狀態，從而擬定解決的方式。諮商師在使用量尺問句時，必須一次針對一個問題，清楚說明分數所代表的意義，當當事人說明自己的分數後，諮商師可以再更進一步詢問分數背後的意涵。

　　例如，諮商師在和一位受經濟壓力影響而猶豫是否要休學的當事人談話時，諮商師運用量尺問句的方式如下：

諮商師：「如果0分是要休學，10分是完全不需要休學，目前經濟壓力對你的影響到幾分？」

當事人：「嗯……大約是2.5分。」

諮商師：「說說看是哪些狀態讓你給了2.5分。」

當事人：「我必須負擔自己的生活費，但是臺北的物價太高，我得花很多時間在打工賺錢上；我念的是設計，很多東西都要買材料，材料費也不便宜，製作作品又會排擠我的打工時間，現在不景氣，私校的學費又高，對家裡也是一筆負擔……」

S

諮商師：「因為這些因素，所以你給了2.5分，還是還有其他因素？」

當事人：「嗯……，有！0.5分是房租吧！還有我不想用助學貸款，因為到時候一畢業就負債，壓力也很大，所以我想先休學多賺一點錢，到時候再復學比較不會經濟、課業兩頭燒。」

諮商師：「為什麼不是0分？」

當事人：「因為很喜歡自己讀的東西，我還有家教……」

諮商師：「什麼狀況會是3.5分？」

當事人：「領到獎學金。」

諮商師：「5分呢？」

當事人：「作品得獎……」

諮商師：「如果經濟壓力到幾分，你會比較不猶豫是否要休學？」

當事人：「6分。」

　　由上述的例子可以看到諮商師藉由量尺問句的方式，協助當事人更清楚自己的狀態與問題，諮商師可以更進一步藉由量尺問句，協助當事人擬定解決方法。

Scapegoating　代罪羔羊（家族）

　　「代罪羔羊」是家族治療中的重要概念之一。家族治療的治療師認為在某些家庭中，會有位家庭成員，負責去承擔家中所有的問題，其功能常是將家中成員如父母間的衝突做轉向，達到讓父母關係不破裂的效果；此一擔任受到不公平批評、責怪、處罰的成員，即家庭中的「代罪羔羊」。藉由家庭中代罪羔羊的出現，其他家庭成員，便可以避免去面對家庭中真正問題的核心。

代罪羔羊的特性之一，在於成員經常是「主動」的加入這樣的家庭運作模式中，例如，家庭其他成員賦予某個孩子「壞小孩」的角色，而該小孩也會依其角色去展現他們的行為，表現出破壞、憤怒等行為，進而吸引其他成員將所有問題歸結於該孩子身上。

「代罪羔羊」的舉例如每當父母親有爭執的時候，家中的某個小孩隔天就會在學校和同學打架，學校老師通知家長，家長藉由責怪小孩來轉移夫妻間的緊張關係。

治療師通常會先嘗試鬆動、改變家庭既有的互動模式，進而中止家庭中這種代罪的家庭互動氛圍，否則，這位代罪的家庭成員，將會繼續背負家庭病態的互動模式。

Secondary Prevention 心理衛生工作次級預防

心理衛生工作依據服務人數與服務性質可以分成「初級預防」、「次級預防」及「三級預防」等三個層次，如同金字塔般，越下面的人數越多，其推廣、防患於未然的意味越濃。

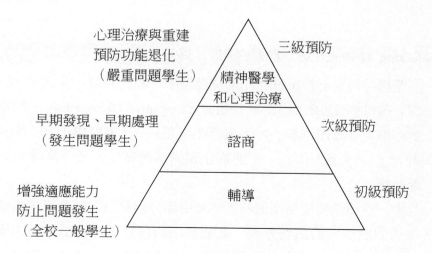

心理衛生工作的次級預防目標在於「早期發現、早期處理」，防止問題，目前學校輔導室、教育部皆強調次級預防的重要性，目前學校輔導室藉由一些測驗的施測，篩選出需要高關懷的學生，或是經由初級的預防講座讓學生發現自己有問題而求助於諮商。從而定期追蹤、關懷學生的狀況和安排諮商介入。

Secondary Victims　次級被害人

次級被害人是創傷治療領域中的重要概念。次級被害人是被害人的類型之一。次級被害人是指暴力或虐待發生時，在旁邊觀看的人，也就是「間接」遭受波及者，此類當事人若重複暴露在創傷事件當中，容易產生「替代性創傷」的經驗。例如，開車時目睹死亡車禍，看到血肉模糊的死者，回到家後又在新聞重複播報下，個體漸漸有情緒上的焦慮，甚至對於開車上路感到莫名的害怕與恐懼。

在實務經驗中，家暴的次級被害人常會有無力感和莫名害怕，不知道暴力何時會輪到自己。

Selection Abstraction　選擇性摘錄（認知）

「選擇性摘要」是Beck認知治療理論中，關於個體一些認知上的錯誤觀念與錯誤假設所造成的認知扭曲（Cognitive Distortions）。認知扭曲的種類有「獨斷推論」、「選擇性摘要」、「過度類化」、「誇大與貶低」、「個人化」、「標籤化和錯誤標籤化」及「極端化思考」等七類。

其中，選擇性摘要是指個體以事件中部分細節為判斷基礎、下結論，失去對於內容的重要意義。此種想法的假設是「真正重要的事件，就是那些與失敗及損失有關的事」。舉例來說，身為一個諮商

師，經常藉由自己的錯誤和弱點來評估自己的價值，而非由成功來評價自己。

Self-Concept 自我概念

自我概念是一個人對自己的認識，認為自己是怎麼樣的一個人，擁有什麼樣的個性、專長、興趣、能力、缺點……等，自我概念泛指從抽象到具體對自我的認識，包含正向與負向的自己。

Self-Disclosure 自我揭露

諮商師在必要的情況下適當地將自己的感覺、經驗、和行為與當事人分享，以增進當事人對自己經驗及行為後果的瞭解。自我揭露有以下五點原則：

1.諮商師須認定自己的經驗對當事人有所幫助。

2.諮商師自我開放應與諮商的某些目的有所關聯。

3.諮商師自我開放不應使原本已感沉重的當事人再增負擔。

4.諮商師自我開放不應分散當事人對自己問題的注意力。

5.諮商師自我開放次數、內容不宜太多，且需「適時」。

Self-Disclosure of Similarity 相似性自我揭露

相似性自我揭露是諮商技術的概念，也是自我揭露的類型之一。自我揭露是指諮商師在適當的情境中，對當事人揭露自己的過去經驗、認知、想法等。相似性自我揭露係指諮商師從當事人的經歷中，揭露自己相似的經驗，其目的是引起當事人的共鳴，可增進「普同感」、「灌輸希望」等治療因子。諮商師在運用此一技術上，需要注

意到所揭露的內容對當事人有益、對諮商歷程有助益者。

例如，當事人在諮商中提及自己的母親再嫁，和繼父有了共同的孩子，覺得自己沒有根、像是拖油瓶，和這個家庭格格不入的諸多矛盾感受。諮商師將自己類似的生命經驗和當事人分享，使當事人感覺到自己不孤單，相信自己可以漸漸找到在家庭中的定位。

Self-Monitor　自我監控

自我監控是行為治療學派的技術之一。個體透過自我監控可以達到改變的可能，自我監控是指當事人詳細、系統性的觀察自己某些特定行為，也就是對自己行為的後設認知，一般常用的方式是諮商師讓當事人撰寫行為日誌（Behavioral Diary），有知有覺的將自己特定行為的前因後果記錄下來。

例如，諮商師邀請當事人每當自己不斷洗手的強迫症發作時，邀請當事人記錄與之相關的人、事、時、地、物，漸漸的當事人可以監控到自己在面對男女交往時，就會開始感到緊張、焦慮，進而必須以不斷洗手的方式來抒發內在的焦慮。這樣的理解有助於強迫症的解除。

Self-Regard　自我尊重（個人中心）

自我尊重是Rogers個人中心的基本概念之一，自我尊重是自我概念的主要成分之一。自我尊重是指個體能夠看中自己「這個人」的價值，不需要其他外加的評價、社會認可的標準來提升自我價值。自我尊重的人，能夠愛自己的外表、生命經驗、如所是的接納自己，從而對自己的自我概念層面有所瞭解。

Seperation / Individuation　分離／個別化

見Individuation（個體化）。

Sex Education　性教育

性教育是關於人類的性器官、生殖行為以及其他性相關的教育。探討生殖行為的部分，一般將生命的過程分階段敘述，包括受孕、胚胎與胎盤的發展，妊娠和分娩，也包括預防性傳播疾病及生育控制。性教育在許多國家仍是備受爭論：爭論要教多少內容，爭論何種年齡的學童需要被教導避孕和安全性行為，以及爭論道德教育需不需要被包括在內或排除。

另一個對性教育的觀點，在歷史上受到性學家如Wihelm Reich和心理學家如佛洛伊德與James W. Prescott等的啟發，認為性教育的目的是個人對自己身體的控制與社會控制的解放。這個觀點的提倡者關心一個政治問題：道德觀該由社會還是個人指導？性教育因此可以當作提供個體必需的知識來解放社會組織所造成的性壓抑，使個體自行做決定。臺灣的性教育生理部分主要在國中健康教育課程教授，而性心理的部分著墨較少。針對個案性議題的處理，臺灣有相關的性治療訓練課程，協助心理師處理諮商和心理治療中的性議題。

Sexual Assault　性侵害

性侵害是性暴力的類型之一。性侵害係指在無論性侵害加害者與受害者的關係為何，只要是在違反個人意願的前提下，迫使他人接受與性有關的行為皆稱之為性侵害。例如，夜歸的女子被強行拉入暗巷受到歹徒的性侵得逞。

　　性侵害事件除了同時涉及法律、醫療上驗傷等議題外，受害者經常會出現創傷後壓力症候群，因此諮商師在協助此類當事人時，需全面考量當事人的狀態，避免在語言和互動中對個案造成二次傷害。

Sexual Harassment　性騷擾

　　性騷擾是性暴力的一環。依據中華民國98年1月23日修正的性騷擾防制法中的定義，所謂性騷擾是指性侵害犯罪以外關於他人受到「性」與「性別」上的侵犯，也就是在違反個人意願下，對他人在語言及行為上提及性或性別的相關行為。

　　在語言上的性騷擾，包含使用與性或性別相關的歧視、侮辱言行；在行為上，包括傳送性或性別相關的聲音、文字、影像、圖畫等方式，這些行為皆造成他人感到受到冒犯、恐懼等，甚至影響其工作、日常生活。

　　諮商師在面對受到性騷擾的當事人，可藉由諮商歷程協助當事人處理性騷擾的負向情緒、制止相關事件的再發生，學習表達、保護自己，進而強化自我保護的能力。例如，諮商師協助在職場上受到同事語言性騷擾的小美，以錄音的方式錄下同事對她開的黃腔，並寄存證信函給對方。

Sexual Violence　性暴力

　　性暴力是在創傷與兩性議題中的重要概念，性暴力是指在任何情境中，無論性暴力加害者與受害者的關係為何，只要是在違反個人意願的前提下，藉由威脅、強力、不受歡迎的方式迫使受害者接受與性有關的行為即稱為性暴力。因此，廣義而言，性暴力包含強暴、性騷擾、性侵害等議題。

依據和性暴力加害者的關係，可將性暴力分為「熟識人強暴」、「約會強暴」、「陌生人強暴」等三類型。諮商師在處理性暴力的事件上，需考量法律、相關倫理議題。

諮商師在面對性暴力受害者的諮商協助上，可分為「承認性暴力事件的發生」、「覺察自己在性暴力下的因應及生存方式」、「處理原諒自己的相關議題」、「學習正面處理問題」、「去標籤化」等階段。諮商師在面對性侵害加害者的處理上，則可以透過認知行為治療法，協助加害者覺察自己在性方面的認知扭曲、改變偏差的性興奮型態。

Shadow　陰影（分析心理治療）

陰影是分析心理治療Jung提到的人格結構之一。Jung的人格結構原型中包含「陰影」、「阿尼瑪」、「阿尼瑪斯」、「面具人格」等四個部分。其中，「陰影」是人格中潛意識不被接受或認知的部分，它通常代表我們的黑暗面，包括社會不能容忍的、個人用投射到外界的方式來加以捨棄的想法、感覺和行動等，是原型中最具有危險性的部分。

陰影的原型常在個體夢中以攻擊或害怕的形式出現，也會藉由投射在所恨惡或忌妒的個體或團體上面顯現出來；當治療師對個案的陰影進行面質讓其潛意識中的陰影意識化時，可以重新將人格中重要部分納入意識層中，進而邁向成熟人格。

Shamed Attack Training　羞愧攻擊訓練

羞愧攻擊訓練是Ellis認知治療學派的治療技術之一。羞愧攻擊訓練係諮商師指派當事人家庭作業，讓當事人從事冒險做一些想做但是

因為在意他人想法而不敢做的事情，其目的是讓當事人發現自己對於某些事情感到羞愧、害羞主要是自己造成的，也許別人並不像自己想像一般在意自己的想法，從而能較自然的表現自己的行為。攻擊羞愧練習包含「情緒」和「行為」兩個部分，練習的成果在於當事人能夠在別人的不認同下，依舊做自己想做的事情，此方式適合協助過於內向、害羞、不敢表達自己的當事人。

例如，諮商師指派家庭作業給一位不敢上臺報告的學生，邀請他在班上選舉幹部時，提名自己角逐原本就想當的美術股長，幫助自己克服不能上臺的羞愧感覺。

Shaping 塑型

塑型是行為治療法的技術之一。行為治療法認為刺激和反應是可以經由訓練而連結的。塑型是指一次次漸進式的增強來強化所欲達成的行為。例如訓練自我封閉的小孩說話，起初只要他發出任何聲音即可得到獎賞，而後隨著他的進步，治療師可以設定不同的獎賞，而且獎賞的時機就更有選擇性，一直到他能完全表達自己意見為止，以這種漸進的獎賞來塑造個體的行為謂之塑型。

Silence 沉默

沉默具有多種涵義，有時沉默會令人感到焦慮，而迫使人們做出一些相反效果的事。有時當事人可能是在思考先前的討論，或咀嚼剛獲得的啟發，有時可能是當事人分心、無聊或一下子不知要說什麼等，有時雙方雖不說話，但此時沉默頗為清楚，無聲勝有聲。因此我們必須去探討沉默的涵義，承認沉默的存在，釐清自己的感受，尋求沉默的意義。因此在當事人不說話時，諮商員可以保持沉默，等待探

索其深層意義。

Sisterhood　姊妹情誼

　　女性主義者認為在這個父權的社會中，有很多對女性的刻板要求與偏見，致使女性在無意識當中接收這些主體的迫害而不自知。當團體成員從分享的經驗中發現自己並不孤單，同樣有人受這樣的壓迫時，彼此就容易產生所謂的「姊妹情誼」，從彼此的支持中改變己身所受的迫害，並且能夠有意識的知道自己的行為，從情誼中獲得改變的支持力量，去對抗大環境的壓迫。例如，受虐婦女彼此相互支持，走過受虐風暴。在Yalom的團體療效因子中所說的「普同感」，就是對這種姊妹情誼的相似論述。因為感知到和別人一體的感受，而使自己進入一種改變的可能性。

S

Social Action　社會行動

　　社會行動是女性主義治療的重要概念，主要是透過真正參與社會運動改變社會上系統性的女性困境。治療師建議當事人採取一些實際行動，參與進行街頭抗爭或參與倡議女性議題的社福組織；例如勵馨基金會、現代婦女基金會、婦女救援基金會等。這類參與可以幫助當事人自我賦能，也同時促進了當事人與社會女性議題的連結，進而產生女性的內在力量。

Social Drama　社會劇

　　社會劇是心理劇的一種形式之一。社會劇在心理治療中以社會現象、新聞事實為戲劇演出的形式。在社會劇中，非語言的溝通方式經

常出現，如姿勢、臉部表情、沉默等可以表達基本的感覺，有助於個案宣洩、投射、淨化心靈，其目的在於嘗試個人瞭解其獨特的人際關係和人格結構。也可以透過演劇的過程幫助自己統整自我的經驗和情感。

Social Interest　社會興趣（阿德勒）

　　社會興趣是Adler學派重要概念之一。Adler認為人需要歸屬感，當我們害怕不能被我們所重視的團體接納時，許多問題便跟著而來，因此歸屬感不足時，個體會產生焦慮。 人是社會的群體，社會興趣是追求卓越社會化的結果，當個體知覺到自己是人類社會中的一分子，個體在處理社會事務時的態度上是一種隸屬感與貢獻感，隨著社會興趣的培養，自卑與疏離會逐漸消失。因此，Adler認為社會興趣是一種對人道的認同感、關心大眾福祉的熱忱；而發展社會興趣最重要的關鍵人物是母親，倘若母親沒有協助子女擴展其社會興趣，將使子女無法充分地在社會中解決問題。

　　阿德勒認為一個人是否心理健康的重要條件之一是觀看這個人的社會興趣發展為何，當人們從共同參與活動與互相尊重而表達出社會興趣，此時他們是往生命的光明面發展，相反的，則會變得沮喪，生活在黑暗面。

	社會興趣（高）	社會興趣（低）
參與度（高）	正常型	支配型
參與度（低）	自利型	退縮逃避型

　　說明：社會興趣高而參與度高的人是很正常的狀態，如果社會興趣低，參與度高，那就是個性特質中較具支配性。如果社會興趣高，參與低，那是自利型的人，如果兩者都低，是屬於退縮逃避的人。

Sociometry　社會計量法（心理劇）

社會計量法是團體治療、心理劇常用的一種技術。社會計量法是讓個案依據自己主觀感受到對團體成員喜好程度，排定先後遠近的一種方式，通常個案站在核心，關係線像圓形大陽光一樣向外發射，越靠近核心的，通常表示越親近者。團體領導者進一步協助個案覺察這些人際距離的親、疏、遠、近背後的內涵，並讓團體成員也給予個案回饋。

Socratic Dialogue　蘇格拉底式的對話

Beck的認知治療認為治療性的改變是來自於個案以各種互相矛盾的證據面質了自己的錯誤信念，因此強調治療者立基於「合作經驗」的治療關係，利用蘇格拉底式的對話，也就是以較多開放式的問句、設計一連串問題來協助個案思考、探索錯誤概念、檢驗個案信念。例如，「你說你做不到，是真得做不到嗎？」「如果做到了，有可能嗎？」「如果做不到，是發生了什麼？」「你如何想你做不到？」「你曾經做到過嗎？」

Solution-Focused Therapy（簡稱SFT）　焦點解決治療

焦點解決治療是以「個案資源與優勢」為基礎的短期諮商，具有「時效」性。此取向希望在短時間之內，以極少的諮商次數完成治療目標，也因此其「諮商目標」相當明確。基本上焦點解決諮商也是以現象學的觀點來做治療，其時間導向為「現在」與「未來」。

焦點解決治療是一種以「問題解決」為導向的諮商方法，由Steven de Shazer和Insoo Kim Berg所發展。其基本假設認為個案是自己問題的

專家,並且依循「一次諮商的概念,將每次諮商當作是最後一次。解決導向治療具有下列的基本論點:

1.以朝向未來及問題解決的觀點協助改變的發生。

2.「例外」可做為問題解決的指引。

3.「改變」總是發生著。

4.「小改變」有累積出「大改變」的價值。

5.只要我們瞭解個案的想法與行為,個案總是合作的。

6.個體有資源與能力去解決他們的問題。

7.意義的解釋與經驗是交互影響的。

8.行動與描述是交互循環的。

9.訊息的意義在已接收的反應中。

10.個案是自己問題的專家。

11. 個案如何設定目標與解決方式,將影響他未來與別人的互動。

12.同在治療的成員(如家庭與夫婦)乃分享同一個目標,共同形成一個想完成的目標與行動。

Strategic Intervention Therapy　策略性的家族治療(家族)

　　策略性的家族治療源自於溝通理論,主要概念認為家庭所帶來的問題是「真正」的問題,而不將之視為家庭系統功能運作不良所產生。由於策略性家族治療的家族治療師會設計出一套策略來引導家庭改變,所以此一家族治療學派稱之為「策略性的家族治療」。

　　策略性家族治療的治療焦點在於解決家庭中現在的問題,並假設改變家庭成員的行為,則感覺自然隨之轉變,因此治療師擔任顧問、專家,在治療的過程中,明顯地掌控全局。治療的重點不在於過去,而在於現在,主要是在過程而非內容,策略學派注意脈絡中誰開始了事件,誰是事件承受者,也重視父母能夠在父母的位置上決定一些事情。

Stress Inoculation　壓力免疫（療法）

　　壓力免疫訓練是由Meichenbaum的認知行為矯正法（CBM）將生理上的免疫原則推廣應用，先讓當事人有機會成功的處理較溫和的壓力刺激，逐漸發展對較強度的刺激的容忍力。壓力免疫療法可分為三個階段：

1.概念階段：在此階段中，治療者透過說明、蘇格拉底的提問，協助個案對自己的壓力本質有清楚瞭解，包括覺察自己在壓力中的角色、觀察內在對話及其所產生的不良適應行為。
2.獲得技能及演練階段：治療師提供個案一些行為和認知技術，使個案能運用於因應壓力情境。
3.應用與持續改變階段：重點於遷移治療情境中的改變於現實生活中，並加以維持。一旦個案精通認知行為的因應技巧後，開始嘗試日常的練習，治療師可和個案一同探討失敗的原因。

S

Stress-Management　壓力管理

　　壓力管理是將Meichenbaum的認知行為矯正法（CBM）中「壓力免疫訓練」的技術臨床運用於生氣控制、焦慮管理、肯定訓練等問題。此外，也有臨床治療師運用此一方法處理強迫性患者、社會孤立、創傷後壓力等病患，獲有不錯的效果。同樣的有概念階段，獲得技能及演講階段和應用與持續改變的階段。例如一位有壓力的經理個案，他開始進行壓力管理的療法，首先諮商師會先用說明和提問幫助個案瞭解自己壓力的來源；像是追求完美，無法忍受做不到100分；第二步諮商師提供一些認知中斷的思考，幫助個案停下來思考，並放自己一馬，告訴自己「沒有一百分，我還是有價值。」接著諮商師協助個案應用在生活中的不同情況。

Structuralism / Structural Family Therapy
結構家族治療（家族）

結構家族治療為Minuchin所發展的家族治療理論。Minuchin的中心概念認為經由探索家庭互動關係型態，最容易瞭解個體問題所在，而唯有家庭結構產生良性改變之後，個人的問題才可能減輕或消除。

因此，Minuchin將焦點放在家庭成員之間的互動，治療目標包含幫助家庭修正刻板的互動模式，以及重新定義關係、釐清家庭結構、建立家庭次系統間的界線。

Structuralist　結構家族治療師（家族）

以結構家族治療取向的概念進行家庭治療之治療師稱之。結構家族治療師有「以領導者角色進入家庭」、「描述潛在家庭互動結構」、「採取適當介入」等三種功能，並在治療過程中，努力使家庭次系統間的界限更清楚被建立、增進互動關係的彈性，以及修正功能不良的家庭結構。

Colaption在2000年提出，結構家庭治療者會在不同的治療階段中扮演不同的角色。一般在初始階段，治療者會先融入家庭中和家庭成員一起互動，進而提供家庭支持與挑戰，最後協助家庭改變僵化的互動模式與界線。

Structure　結構

結構是指晤談的治療架構，包括晤談時間、地點、次數、諮商師與個案共同的權力、責任等。精神分析學派特別強調「治療結構」，認為是治療產生效果的基本必要條件。

精神分析學派認為結構本身就是一種治療的元素，當治療架構被確立後，病人的抗拒、移情才會清楚的被看到，也才有機會對這些現象做詮釋，使病人對自己更有覺察。目前場面結構已成為第一次諮商晤談中重要的談話技巧，個案關心的議題如時間、地點、次數和保密等，如果能在第一次就和個案溝通，將有助於心理諮商的安定與未來。

Structure Group　結構性團體

團體諮商立基於「團體是社會的縮影」的假設，在帶領團體時，團體可分為「結構性團體」、「非結構性團體」兩種性質。結構性團體係團體領導者依據團體所欲達到的學習目標，設計一系列有程序、循序漸進的活動，來引導成員經參與團體中能夠有所覺察、學習。

結構性團體經常被應用於教育性、成長性和人際性的成長團體，優點是可增加團體初期的參與性及合作性，減少團體成員的焦慮與不安，藉團體的互動回饋來影響個人。缺點是常會削弱團體內自然互動的力量，團體中深入的互動需仰賴團體領導人深入的帶領和探索。

Stuck Togetherness　如膠似漆

Bowen 在1971年提出「如膠似漆」的術語代表家庭中的成員，關係密切到沒有一個人可以成為一個獨立的個體、能夠擁有真正自我的感覺。如膠似漆的家庭成員間彼此的界線模糊、自我區隔化能力低，無法分離、獨立、沒有自由、沒有屬於自己心理上的空間。

例如，當一位準備升學考的考生，全家人的情緒皆感受到緊張、壓力，在情緒與行為上有高度共鳴，致使其他家人無法在假日時有各自的休閒活動、在家裡也不敢有其他和考生不同的作息，這種情緒無

S

法分化的狀況，會造成彼此情緒界線模糊，一人緊張，全家都緊張，阻礙個人和家人的成長。

Subjective Interview　主觀性晤談

　　主觀性晤談最早是由阿德勒學派所提出來，是一種諮商員的態度。主觀性晤談者會對於個案所說的生命故事，除了傾聽並讓個案暢所欲言外，還會對其敘述的內容感到困惑、讚嘆、好奇、進一步的詢問，任何個案所描述的生命故事，都是諮商員所感興趣、想要知道的。

　　主觀性晤談假設當個案能夠充分的說出自己熟悉的生命故事，並感受到被聆聽後，就有質疑自己生命故事的能量，而此時諮商員也可經由案主所陳述的豐富素材，形成確認、理解困擾個案的生命議題為何。

Sublimation　昇華作用

　　昇華作用是精神分析學派在個體內在自我防衛機轉中重要的概念之一。依據精神分析學派的看法，昇華作用是個體在面對自己內在的性本能時，潛意識的將之轉換為可為社會接受、並且受到讚揚的行動，是一個具有創造性的防衛機轉。例如，一位受性驅力的單身人士，將內在衝動藉由抒寫言情小說，並投稿報紙副刊，受到刊載的方式表現。

　　昇華作用是Freud認為最正向的防衛機轉，整個藝術與文明的興盛可能來自於昇華後的內在能量。

Subsystem　次級系統（家族）

見family subsystem（家庭次系統）。

Suicide Assessment　自殺評估

　　自殺評估係指對有自殺危機或高危險之族群進行評估，藉以瞭解個體內在關於自殺的狀態。自殺評估分為下列三個階段：

1.自殺意念：係指個體內在有自殺的想法、念頭。一般約有八成的人一輩子有過一次以上關於自殺的想法。例如，「我快活不下去了。」

2.自殺計畫：係指個體內在有明確的自殺的想法、念頭，諸如思考死亡的方式、地點、時間等，也就是個體對於結束生命有清楚、詳細的計畫與準備。例如，想要跳樓且已選好那一棟，何時要去。

3.自殺行動：係指個體不只是具有明確的自殺計畫，而是將自殺這件事情付諸於「行動」，像是寫好遺書、將心愛的東西送給人、已遂或是未遂的有過結束自己生命的經驗。面對自殺未遂的當事人，必須評估個案的危險性，將可能引發個案再度自殺的因素減到最低，例如要馬上有2位以上的人守候在自殺未遂者身邊、遠離2樓以上的環境等，並且一個月內有人24小時陪伴。

　　諮商師在面對自殺高風險的當事人，必須語氣堅定、情感溫和的詳細、清楚評估當事人的自殺計畫，藉此瞭解當事人所處階段，此時諮商師的指導性較為鮮明，有時在適當時機需要和當事人簽署「不自殺條約」、說明「保密的例外」等。通常在處理自殺的當事人時是高壓力的工作，多以「團隊」方式進行，諸如個案管理員掌握追蹤當事人狀況，和當事人的重要他人進行聯繫，諮商師則藉由心理諮商，協助當事人處理內在議題、學習面對處理壓力源、解決問題等。

S

Summary　摘要

諮商師把當事人所說過的內容、所表達出來的想法等，做一個整理，把相類似的訊息合併，再以簡單、明瞭、確實的方式說出來，一方面可以增加當事人的自我瞭解，以及做更深入的自我探討，另一方面可使諮商的方向更明確。

Sun Program　朝陽專案

朝陽專案為教育部在83學年度所推出的重要輔導方案，其目的在於協助國民中學階段「嚴重問題學生」適應學校生活，使學生有良好的生涯發展，像是升學、就業、就讀技藝教育班、實用技能班、或接受職訓，以減少學生畢業後納入璞玉專案追蹤之機率，以及防範青少年犯罪問題的產生。每位教師輔導個案至多不得超過二名。

各國民中學應將朝陽方案個案學生及輔導教師名單列冊，並報送主管教育行政機關。朝陽方案輔導原則諸如「積極輔導、不重複處罰」、「保密」、「避免標籤化學生」等。後期，教育部推辦「試辦認輔制度實施要點」，目的在整合朝陽專案、璞玉專案、攜手計畫、春暉專案等專案輔導活動，將輔導適應困難和行為偏差學生的工作轉化為學校經常性工作。

Superego　超我

「超我」是精神分析重要三個人格結構之一。Freud的精神分析學派將人格分為「本我」、「自我」、「超我」三個結構。古典精神分析理論主張超我是伊底帕斯情結的產物，是從自我在五歲和六歲左右分化出來的，孩子內化父母的禁令與要求，後來被擴充包含傳統文化價值和社會的理想，乃一監督及審核的角色。告訴我們什麼是合乎道

德的，什麼是不合乎道德的特殊機制，就如同一個監督者或規範者，引導自我走向更理想的途徑。超我的發展是在父母的教誨和社會文化的陶冶下，經鼓勵和懲罰的歷程中逐漸建立的。

超我的功能是管制本我的衝動、誘導自我走向合於現實社會的道德理想目標，力求達到全美的人格。它是人格中道德的或公正的部分，朝向理想而非現實，力爭完美而非快樂。

有的精神分析師則認為超我出現得很早，在伊底帕斯階段之前，如Melanie Klein。

Superiority　阿德勒理論之超越／卓越

卓越感是Adler學派對於人性的重要基本假設之一。所謂追求卓越是指個體從較低的自我知覺認定層次朝向較高自我知覺認定層次進展的歷程，也就是以自己某個狀態為基礎點，進行自我超越，是一種超越自己而非超越別人的歷程。

Adler認為個體會藉由追求完美、補償等內在驅力克服與生俱來的自卑感。根據Adler學派的說法，當個體感到自卑時，內在會出現力求卓越的驅力、想要成功的目標，使個體努力克服困擾，達到精熟狀態，而這個追求卓越的歷程也促進了人類社會的發展。例如，個體因為自己是來自做資源回收的家庭而感到自卑，經由不斷的努力向上，最終考上法律系，畢業成為一位法官，並致力於提供獎助學金給清苦子弟。

Superiority Complexes　優越情結

優越情結是Adler學派用來說明個體在追求卓越的歷程中，其對於目標的虛構目的未能符合個體現實社會中的能力之狀態，也就是一種

「想要一天就成功的一步登天」的心理狀態。Adler學派的諮商師在面對有優越情結的當事人時，會先邀請其釐清個體目標背後的意涵、現實我與理想我的差距，從而克服困擾，真正達到自我卓越。例如，一位中輟兩年回到校園的學生，在第三年的升學考試中，期望自己利用一個學期的時間，追上所有課業並考上前三志願，這樣的期待是不切實際的。在諮商師的協助下，當事人看到自己各科的學業狀態，評估自己的能力，經過調整，訂立合宜的目標，一步步超越自己當前的課業狀態，最後經過一年的重考，考上自己理想的學校。

Symbiosis　共生

　　Margaret Mahler（1968）認為幼兒與母親的互動情形分為「正常嬰兒自閉階段」、「共生」、「分離／個體化」、「自體與客體恆存」等四大階段。其中，共生時期約從嬰兒出生的第三到八個月大左右，此時期的嬰兒無法區分主客體，認為主要照顧者（通常是母親）是自己的延伸，並且在情緒上與主要照顧者（通常是母親）處於同步的狀態。

　　共生的狀態下，幼兒會覺得自己餓了，母親也餓了，自己飽了，母親也飽了，透過共生，幼兒會感受到很深的內心同在感，沒有彼此。這種感覺通常也會在熱戀的情侶中出現，也就是一種彼此交融、完全沒有界線的狀態。

Symbolization　象徵化（個人中心）

　　象徵化是個人中心治療的概念之一。象徵化是指個體允許自己在一段生命經驗或是生命事件中去進行覺察，並且在覺察的歷程當中，個體傾向依據其對自我的概念來詮釋模糊的經驗。例如，一位對自己社交能力沒有信心的人可能將打招呼時對別人沒有回應象徵化為「他

不喜歡我」；相對的，對於自己社交能力有信心的人，可能對此同一情形象徵化為「他也許因為有事情在煩所以沒有聽到」，進而上前關心被打招呼者的狀況。

　　個體在象徵化事件經驗的歷程中，若碰到與自我概念不同時，會傾向否認將與自我概念不同的經驗象徵化傾向；例如，因為認為自己是健康的人，因此傾向於不會將抽菸的舉動在內心象徵化。

Systematic Desensitization　系統減敏感法（行為）

　　系統減敏感法為行為學派的治療技術之一。行為治療學派認為焦慮是個體被制約後的產物，也就是學習來的，因此，借用反向替代活動可以協助個體降低內在焦慮，其步驟如下：

1. 鬆弛訓練：治療師先教導個案一些肌肉放鬆的放鬆訓練的技巧，讓個案經由練習熟悉放鬆方式。
2. 建立焦慮階層：協助個案清楚排列出不同焦慮程度的相對事件。例如，一位會口吃的人，協助其排列出會由低階「輕微壓力」到高階「嚴重威脅」引起緊張口吃的程度表，因此可以列出由低而高的焦慮程度表：家人→朋友→主管→陌生人。
3. 進行系統減敏程序（肌肉放鬆和想像聯結）。

　　治療師讓個案對焦慮情境由輕微壓力開始想像，當個體對所想像情境感到緊張焦慮時，便進行肌肉放鬆訓練直到不焦慮為止。如此反覆由低階到高階進行系統減敏程序。在進行系統減敏法中，諮商師所指派的「家庭作業」是系統減敏法可以成功的重要要素。通常系統減敏感法可用於治療焦慮、惡夢、神經性厭食症、口吃、沮喪、恐懼症等。

S

T 字母之解釋名詞

Taiwan Counseling Net　臺灣心理諮商資訊網

　　臺灣心理諮商資訊網是由國立彰化師範大學輔導與諮商學系所製作的一個網站，其內容整合了國內諮商輔導的相關訊息，全方位提供一個入口網站，讓有需要的個體可以快速從這個網站取得所需資訊，可視為專業助人者的資料庫。臺灣心理諮商資訊網的主要內容如下：

1.專業資訊：提供網路成癮、心理師考試、諮商倫理與專業文獻等資訊。

2.求才看板：提供各校、各機構求才啟事。

3.新書介紹：提供近年諮商輔導相關書籍。

4.研究、教育、諮商、輔導、心理健康：提供多種輔導、諮商的訊息，同時包括時事性如SARS、921的災後輔導、九年一貫綜合活動資訊等心理衛生議題。

5.電子期刊、社區機構連結：提供國內重要的電子期刊、社區機構如中華心理衛生學會、相關大專院校的連結。

　　此外，臺灣心理諮商資訊網也提供一個互動式的交流平臺，使用者可以刊登一些諸如活動、徵稿、徵才與邀請研究參與等訊息，讓一些諮商輔導相關資訊更具有時效性與流通性。

Teleology　目的論

　　目的論是Adler學派的重要哲學概念，Adler學派重視未來，因此以目的論來取代精神分析學派的決定論，認為人們為自己訂立目標，並

且朝這個目標努力。個體心理學假設行為都具有目的,「目的論」一詞是Adler用來形容最終的目標性質及持續移動的方向。個體在此最終目標的引領下,接受何者為真、如何表現,以及如何理解各項事件。

此外,Adler學派並未低估過去經驗的影響力。其理論假設人們根據過去經驗做決定,因此過去、現在、未來具有連續性,這些連續的意志和目的從小亦會展現於個體內在的最終目標。

例如,個體小時候受到父親行醫的影響,立志當醫生,並朝這個方向努力不懈,其生活作息也依照這個目標而努力。長大後努力考上醫學系,並且對於未來期許自己是個好醫師。這個目標的實踐包含了過去、現在及未來三個發展階段的意志和目的。

Tennessee Self-Concept Scale(簡稱TSCS:2) 田納西自我概念量表

1965年由美國田納西州心理衛生部的心理治療醫生Fitts, W. H. 同時收集大量病人與非病人的自我描述句、與其他自我概念測量工具所編製而成,協助瞭解個人對自我概念與人格的各種面向。

測量面向包括了受測者整體的自我概念、受測者自我概念中六個向度(生理、道德倫理、心理、家庭、社會、學業／工作)的自我評價、受測者自我認同、自我接納、自我肯定的程度。

測驗量尺部分,學生版76題,成人版82題,題目皆為自我描述句,受測者採用五點量尺方式進行自我評估。分為四個效度分數(不一致反應、自我批評、故意表現好、極端分數)、兩個摘要分數(自我總分、衝突分數)、六個自我概念量尺(生理、道德倫理、心理、家庭、社會、學業／工作自我)、與三個補充分數(自我認同、自我滿意、自我行動)之本土化試題。測驗適用對象:學生版(11歲～18歲);成人版(18歲～49歲);施測時間:約15分鐘;施測方式:紙筆測驗、個別測驗、團體測驗。

"The Psyche" in Analytical Psychology　分析心理學之「心」

Analytical Psychology是容格式心理分析，容格分析理論裡所指涉的「心」與源起於佛洛依德的精神分析所指涉的「心」在英文裡經常與另外一個字互通，即Mental，中文譯為「心智」、「心理」或「精神」。但容格心理學裡對「心」的界定不同於精神分析心理學。「心」如同個體之人格，是過去經驗累積的結果，但同時也是未來所有可能的象徵。它同時具有穩定性，如人格，同時也對當下及未來的經驗開放。

Therapeutic Alliance　治療同盟

治療同盟是存在主義對於諮商師與個案間的治療關係所做的描述。Bugental認為多數諮商師過於看重談話的內容而忽略和個案建立一個尊重、平等的關係。治療的同盟，即強調諮商當下關係的尊重、平等、真誠、同理、關懷，諮商師在諮商歷程中，分享個案的感受，陪伴其度過漫長的諮商階段與生命的改變歷程。治療的同盟核心於「尊重」，尊重個案有能力處理自己的困難，相信即便現階段個案處於無力、退縮的狀態，也將有積極找尋自己存在意義的能力、能夠享有真正的自由。

在建立治療的同盟歷程中，諮商師可以在有助於個案的前提下，適當選擇性的自我揭露，藉此減少個案的陌生感，拉近雙方距離與對自己的信心。

Third-Party Payer　第三者付費

在社區機構的心理治療談話中，會依據所屬單位，而有談話的收費標準。所謂第三者付費，是指控制個案與治療師之間關於診療費用

金錢流向的財務中間人，諸如，保險公司、政府機關的社工員。例如，在臺灣有一些政府與社區機構的合作過程當中，由社工員轉介需要談話的個案給心理師，同時，社工藉由政府的補助，付費給該心理師，此即「第三者付費」。一般而言，第三者付費的制度為求公平資源分配都有次數限制，例如以六次談話為一個階段，若經過六次談話後，心理師評估有需要繼續談話，則需要寫報告或經機構討論說明之。

Token Economy　代幣法（行為）

代幣法是行為治療學派所採用的技術之一。行為學派認為人的行為是由許多反應所組成的，而行為是由各種連結或增強作用所學習得到的。因此，將前述對個體基本假設應用在治療技術上，代幣法可使個案短期間強化某種特定行為。

治療師以個案所喜歡的東西作為原級增強物（Primary Reiforcement），當所欲增強行為出現時，發給象徵性的獎章或其他替代物，這是代幣的使用功能，當代幣累積到預定數目之後，可拿來交換個案所喜歡的原級增強物。例如，教師在進行班級經營時，當學生表現良好給一個乖寶寶章，當集滿10點時，可以換學生喜歡的文具用品，這個乖寶寶章就算是代幣。

Total Behavior　總和行為

總和行為是現實治療法的重要概念，創始人Glasser強調人的行為是總和的，主要由四個因素所組成：行動（Doing）、思考（Thinking）、感覺（Feeling）和生理反應（Physiology），就如同汽車的四個輪子引導車子行駛一樣，其中，思考和行動是前輪，感覺和

生理反應則是後輪，亦即思考和行動會引導出人的感覺和生理反應；如果要瞭解個人沮喪的情形，諮商師可以詢問：「你做了什麼使你沮喪？」來瞭解感覺的行動來源，也就是車子前輪做了什麼。這四個因素，決定了個體的生活方向，這意味著個體所能決定的不只是行動，也包括了思考、感覺及生理反應，現實治療法認為行為是有目的性的，亦即每一個總和行為都代表我們為滿足需求所做的最佳嘗試。

Tracking　追蹤（多重模式）

「追蹤」是Lazarus多元模式治療用以檢視個案BASIC ID行為模式發生的順序。Lazarus認為人格結構可區分為七大主要功能：B=行為（Behavior）：主要是指外顯行為，包括所有可觀察、測量的行動，習慣與反應；A=情感反應（Affect）：指情緒、心情、強烈的感受；S=感覺（Sensation）：包含觸覺、味覺、視覺、聽覺等五種感覺；I=形象（Image）：這個模組關係到人們如何描繪自己的形象，包含記憶、夢境與幻想；C=認知（Cognition）：是關於構成個人基本價值觀、態度與信念的動察力、哲學觀、想法、意見、自我對話和判斷力；I=人際關係（Interpersonal Relationship）：與他人互動有關；D=藥物或生物學（Drugs / Biology）：這個模組不只包含藥物，同時也考慮到個人飲食習慣和運動形態。

當治療師蒐集好個案BASIC I.D.的行為模組後，便可經由「追蹤」的方式，檢驗不同模組間的交互作用，進而突顯出個案的特殊議題，從而擬定有效的治療策略，促進有效的治療歷程與提高治療效果。

Transference　移情（精神分析，分析心理學）

移情指的是在關係裡實踐潛意識願望的歷程。在精神分析中則指

的是病人與治療師建立的動力關係。在治療歷程中，個案將過去重要他人的正向、負向情感或幻想在潛意識下轉移到治療師身上，也就是個案潛意識將過去遺忘的童年記憶或壓抑的潛意識幻想投射到治療師身上。例如，個案將過去對爸爸情感反應在治療中投射到治療師身上。精神分析治療師認為移情功能在於協助個案區分幻想與實際、過去與現在，當治療師藉由移情與個案工作時，可協助個案覺察到他是如何用過去的方法來錯誤的知覺、詮釋現在的生活，進而將這些潛意識中的行為覺察到意識層，擴展其自我功能，達到平衡。

Transference Process　移情作用過程

移情作用過程是Freud精神分析理論的核心。移情作用過程指的是病人與分析師之間「進行式」的動力關係，也就是隨著治療的進行，當病人潛意識的將過去對重要他人或其內在客體的情感與幻想投射到分析師身上，以及病人因為這些情緒經驗的喚起，所感受到強烈的情緒衝突，如性慾、焦慮等，有時也出現退化現象，這個治療關係的移情歷程，就是「移情作用過程」。

當在治療情境中，移情作用過程產生後，分析師讓病人重新經驗這些正、負移情，並將之修通，則病人內在的領悟將會發生。例如，病人將過去對母親又愛又恨的情緒在治療情境中移情至治療師身上，愛上和治療師晤談的時間，卻又恨只有一個小時，情感在這種複雜的呈現中，經過分析師的詮釋協助病人充分表達愛恨交織的情緒，因而在這個過程中完成修通的領悟，此即移情作用過程。

Trauma Therapy　創傷治療

創傷是指遭受任何威脅到個體或他人生命事件時，所導致生理或

心理上承受痛苦的經驗。創傷治療在心理治療中，主要是針對遭受創傷的個體進行心理治療，協助當事人從創傷經驗中抒發情緒、統整個人經驗的學門。

　　創傷治療的進行會因為諮商師所屬學派、當事人所遭受創傷類型而有所不同，一般而言，認知治療與眼動減敏法（EMDR）為協助此類當事人的重要觀點，其中對於創傷後壓力症候群（PTSD）的當事人，使用眼動減敏法已被證實為有效的治療創傷方式。

Triangulation　三角關係

　　不同的學者對三角關係有不同的詮釋，家族治療認為一連串家庭成員間所形成的次系統是組成家庭動力與系統的基本構成要素，而三角關係則是指不同系統間所形成的關係，例如夫妻次系統中加入孩子，這就形成了三角關係。通常，在一連串的壓力情境下，次系統會引進第三個人來增加穩定性與降低兩人間的緊張與焦慮，此即三角關係，然而此種假象平衡若是沒有適當處理，長期而言會導致惡化。

　　此外，Bowen的多世代家族治療提出三角關係的組成與Minuchin的結構學派不同，前者是指祖父母、父母、子女三代之間的關係，而後者則是指父、母、子女三者之間的關係。但相同的是，在家庭治療中是以三角關係進行介入促使系統改變。

T

U 字母之解釋名詞

Unconditional Positive Regard or Warm Acceptanc
無條件正向關注（個人中心）

「無條件正向關注」是Rogers個人中心學派中促成個案改變的充分與必要條件之一。無條件正向關注是指對個案的非占有性關懷與接納，並在治療中對於個案採取「尊重態度」、「不批評」、「不做偵探性發問」的行為。

當治療者以最真誠、最深的瞭解接納個案，並且無條件的相信個案有潛力、有能力瞭解、積極改變自己，諮商師這樣的態度將促使個案開始思考：「這裡有一個人，他真的在乎我，也理解我，他反覆地以不同方法告訴我，他相信我有能力找到我應走的方向：也許我真的可以相信我自己了。」而改變也將由此無條件的正向關注發生。

U

Unconscious　潛意識（精神分析；分析心理學）

潛意識是Freud精神分析學派最核心的理論之一。如同浮在海上的冰山，藏在水中部分比浮在海面的部分大得多，人類的精神在意識層的背後也有潛意識的世界，無法意識的意識層，儲藏大量的經驗、記憶和壓抑的資料。Freud認為個體的潛意識好比是水面下那廣大的冰山面積一般。

潛意識主要來源有：（1）個體若將0～5、6歲痛苦的經驗壓入潛意識當中，未曾消化，（2）另一為從未意識過的本我狀態，潛意識基本上無法直接觀察，只能從「夢」、「說溜嘴」、「催眠後的暗

219

示」、「自由聯想」、「投射」推斷出來。例如，因為分手的情傷太重，因此個體將前男友的姓名壓入潛意識當中，忘記前男友的名字。這通常是一種因為傷痛而壓抑到潛意識的過程。心理治療或分析的目的在於使這些傷痛的潛意識得以「意識化」而得到新的領悟。

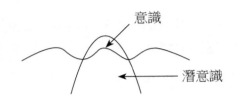

Unfinished Business 　未竟事宜（物）

　　未竟事宜（物）是Perls完形治療學派的重要概念之一。未竟事宜（物）是指明顯保留在個人內在未經表達的各種過往情緒，諸如：憤怒、悲傷、痛苦等。Polster和Perls主張當這些情緒的力量過於強大時，將阻礙並且干擾個體與當前現實環境做真實的接觸，而唯有面對、處理個人內在的未竟事宜（物），才能讓個人不再受過去事件與感受所影響，轉而和此時此刻的環境與人做更真實的接觸。例如，受家暴的個案於成年後無法和異性建立親密關係，諮商員藉由空椅技術讓個案在諮商室中透過空椅重現過往的痛苦經驗，並從中完成自己可以逃離的未竟事宜，以及處理自身感受，使其日後能和異性建立親密而不懼怕的相愛關係。

Unstructure Group 　非結構團體

　　團體諮商立基於「團體是社會的縮影」的假設，在帶領團體時，團體可分為「結構性團體」、「非結構性團體」兩種性質。非結構團體係指團體領導者在每次聚會前，事先不預定團體的主題，也不安

排固定程序的活動。團體領導者以彈性、催化的方式引發團體成員互動，團體中所處理的素材，都是此時此刻發生在團體中的事情，團體領導者的指導性較不明顯。非結構團體在團體發展歷程中，更容易經歷曖昧不清的階段，若能順利發展，則團體凝聚力更強。非結構團體適合自主性較高、表達性較高之成員。團體領導者也需要有更多的經驗。

非結構團體的處理議題，常集中在人際議題此類共通性極高的問題，也適用於同質的喪親家團體，以彼此分享和成長的個人表達為主軸，群聚為一個非結構團體，在這類團體中，成員們彼此談談自己過往與最近的經驗，並得到其他人的安慰與支持。

U

V 字母之解釋名詞

Value Clarification Techniques in Career Counseling
生涯中的價值澄清技術

　　生涯中的價值澄清技術是指將價值澄清技術應用在生涯上，協助當事人覺察自己在生涯方面的主要價值觀為何，此方法通常用於個人或團體諮商當中。價值澄清技術是一種新的學習方法，諮商師運用價值觀拍賣、澄清性問答等方式，協助當事人覺察自己行為背後的價值觀內涵為何，因此價值澄清技術的主要重點在於「活動後的分享、討論」。在生涯上的應用，則可以協助當事人覺察自己在職業選擇背後所重視的價值觀有哪些。

　　例如，諮商師依據團體探討職業價值觀的主題，設計價值觀大拍賣的活動，邀請團體成員寫下自己在生涯上覺得重要的價值觀如「要有進修的機會」、「升遷制度完善」等，諮商師彙整相似性的價值觀後，將這些價值觀進行競標拍賣，活動結束後，諮商師邀請成員相互分享自己所標得的價值觀，藉以檢視其影響行為的內在信念。

V

Verbal Shock　語言震撼

　　語言是具有力量與顯示個體位置的溝通元素，因此完形治療學派運用語言背後所帶來的威力，協助個案經由語言表達自己此時此刻的經驗，以便對自己有更真實接觸，此即「語言震撼」的技術。常使用的語言震撼有以下方式：

1.我說：因為非第一人稱的稱呼容易掩飾個體內在的感受，因此協助個

案將「他說」、「你說」、「某人說」改成是「我說」。例如,將「『媽媽說』不能喝陌生人的飲料」,改為「『我』認為媽媽說不能喝陌生人的飲料是對的。」

2. 敘述句表達:當個案一再以問句的方式來隱藏自己內在真實感受時,諮商師要求將之轉變為敘述句表達。例如,「妳想他會喜歡我選的燈罩嗎?」改為「我擔心他會不喜歡我選的燈罩」。

3. 否定力量的語言:諮商師要求個案以「我不願」、「我選擇」等方式表達「我不能」、「我不會」等否定自己力量的語言。例如,以「我不願意先低頭道歉」代替「我不能低頭道歉」,將個案的責任與決定權放回自己身上。

4. 傾聽隱喻:與當事人停留在隱喻當中,探討背後所要傳達的內涵,促使其自我覺察。例如,當事人提出自己像「魚缸裡的金魚」,而諮商師和當事人討論「魚缸裡的金魚」背後個人似乎被困住、原地打轉的感受。這種傾聽隱喻的作法有助於深入的探索當事人的內在經驗,包含想法、感覺和作為,也可以更深地理解當事人所要表達的。

Vicarious Traumatization　替代性創傷

　　替代性創傷是創傷治療領域中的重要概念,替代性創傷是指專業助人者在工作的歷程中,因為長期和當事人的創傷事件共處,而受到當事人創傷事件影響,進而引發自己內在的創傷反應,諸如讓自己過度暴露在強烈的痛苦情緒下、影響自我認同感、世界觀與內在經驗。替代性創傷是造成個體專業枯竭(Burn Out)的因素之一。助人者可以透過和督導討論、同儕分享和個人分析工作協助處理這一類的影響。

　　例如,一位和性侵害的受害者進行諮商的諮商師,受到當事人創傷事件的影響,而在自己的親密關係中,無法如同過去和自己的伴侶進行自在的性行為。

Victim　被害人

　　被害人是創傷治療領域中的重要概念。被害人是指在災難或危機情境下的受害者。依照個體所受災難或危機事件的影響程度與和災難事件關聯程度可分為以下三類：

1. 初級被害人：係指直接受到危機或災難衝擊的第一線當事人，例如地震時的受災戶。

2. 次級被害人：係指「間接」受到災難或危機事件波及的當事人，例如地震時的救難人員。

3. 三級被害人：係指和初級被害人與次級被害人有關聯的當事人，例如地震時救難人員的家屬。

　　諮商師在面對災難被害人時，需視當事人所遭遇事件，全面性的考量相關醫療、法律、社福等議題。又遭受危機或災難情境影響的被害人通常會有「短期創傷反應」與「長期創傷反應」兩種心理狀態，因此在進行諮商的歷程中，諮商師可用常態化（Normalization）的技巧來協助當事人用建設性的態度看待自己的行為。例如，面對受到家庭亂倫的未成年當事人，諮商師需考量通報、驗傷等法律與醫療相關議題。

U

Vocational Construct　職業建構

　　職業建構是生涯建構論者所採用的技術之一。職業建構論的目的，是協助個案理解自己對職業的一些認知、自己的職業價值觀。

　　治療師會運用對職業特性兩極化的概念結構，讓個案思考自己對於職業上的相對概念如高薪或低薪。當完成後，治療師進一步讓個案彙整相同的概念，直到各個概念間是獨立的，然後再和個案討論核心建構中所看到關於職業的價值觀。

W 字母之解釋名詞

Warmth　溫暖（個人中心）

溫暖是一種無條件正向關注與非占有性的關懷與珍視，為Rogers個人中心治療的基本基調。當諮商師溫暖展現出對個案正向與真正接納的感覺，並藉「真誠一致」、「無條件的接納」與「同理」協助個案放下防衛、自我接納、自我覺察，進而做正向改變。

溫暖是一種對人本質上最深的關懷與看重，它是關係建立的基石，在初期的諮商關係中，占有重要的位置。不同派別對溫暖有不同看法，在理情治療Ellis的觀點中，Ellis認為溫暖並非諮商成功的必要條件。

WDEP（現實）

WDEP是現實治療法對個案的介入技術之一。現實治療法由Glasser所創，Wubbolding提WDEP的治療程序，每個字母代表不同的程序，其目的在協助個案更能控制他們的生活，並滿足自身的需求：

1.W代表欲求（Wants）：「你／妳要什麼？」

治療者藉由一連串技巧性的問話，協助個案明確表達出心中理想世界的特質、需求，並加以區分澄清其優先順序。基本上，其需求都和隸屬、權力、自由、玩樂、生存的基本心理需求有關。

2.D代表行為（Doing）：「你／妳在做什麼？」

治療師藉由從一個較遠距離的觀點詢問個案他們現在正在採取的行為的整體方向，去幫助個案增加自己選擇的覺察，藉著和個案談他

W

的方向、目的、需求,個案開始會評估自己的思考與行為,並發現自己正在做的事情,進而有機會評估與改變它們。

3.E代表評估(Evaluation)

評估可算是現實治療的核心。治療師藉由要求個案做自我評估,評估其需求是否合乎實際、需求是否對自己有益,此外,也評估自己行為是否朝自己想要的方向前進、評估行動是否可以達成個案目標。

4.P代表計畫(Planning)

治療師協助個案擬定具體可行的行動計畫,並切實執行以滿足自身的需求。其成功計畫包含「簡單」、「可達到」、「可測量」、「立即可做」、「個案願意投入」等SAMIC五個特徵。

例如,當個案想要構思一個健康計畫時,游泳和跑步的選擇中,跑步就較游泳可以立即進行,因此也較可能成功。

Web Counseling　網路諮商

網路諮商是因應科技發展而出現的新的諮商方式。網路諮商是指當事人與諮商師兩人共同約定某一時間,在不同地點同時上網,進行諮商,其方式有「視訊」、「即時訊息」等兩種類型。

視訊式的網路諮商,係當事人與諮商師藉由影像工具傳達個人影像與聲音的方式進行諮商;即時訊息式的網路諮商,則是由諮商師與當事人藉由敲鍵盤、傳達文字訊息的方式進行諮商。

網路諮商的優點在於打破時空、距離的限制,以及節省往返到機構的時間、費用,然網路諮商的限制在於保密、傳達影像與聲音時的品質及穩定性、某些非語言訊息不容易蒐集、當當事人有急性行為如哭泣不止、撞牆等行動,不易立即性處理、當事人所處環境的干擾性,以及某些符號要傳達的訊息不易被精緻化。

網路諮商是因應科技而興起的新的談話方式,其優點是空間不受

限制，但保密和非語言訊息的問題仍有待克服。

Wheel of Influence　影響輪

影響輪是家族治療的概念之一。影響輪是指治療師用來記錄個案生活中所有重要他人的空間分布圖，類似於社會計量法的概念。影響輪當中包括生命過程中的重要紀事、關係互動，藉此提供個案一個新的觀點去檢視既有的家庭互動模式。

從影響輪的位置遠近，也可以顯示關係的親近或疏離，這是一種用視覺方式呈現關係的方式，和家庭圖說明代間關係的視覺呈現方式有異曲同工之妙。

Wholeness　整體性

整體性是指系統除了是不同部分的總合外，尚包括了部分與部分之間的交互作用。從治療的觀點來看，整體性所代表的意義是必須要瞭解個案整體生活脈絡內涵。此即完形心理學重要的概念——「整體大於部分的總合」。

完形心理學將個人的身體、心理、靈魂狀態都視為一個整體，任何一個部分有狀況都會影響另外兩個部分。因此在治療時需要從整體來看，而不是只看單一的部分。

Will to Power　權力意志（阿德勒）

「權力意志」是Adler學派中，用以克服「自卑感」的重要感受。Adler將自卑感視為人類正常與奮發向上的原動力。當個體一感到自

W

卑，就會出現力求卓越、達到目標的驅力，協助個體從較低的認知層次朝向較高的層次進展，達到一個精熟、勝任感，這就是權力意志的展現。另外，Adler學派也鼓勵個體發展社會興趣，從社會興趣中學習與他人互動、對他人同理與認同，進而展現權力意志，克服與生俱來的自卑感。

Working Alliance　工作同盟

詳見Therapeutic Alliance「治療同盟」。

Works-Through　修通

修通是精神分析學派認為個體要能夠達到人格改變、問題解決時的必經過程。修通是指在探索被壓至潛意識的題材促使其意識化，增加病人的領悟及接受過去無法接受的，使病人不再受困於一再重複的行為模式或認知、情緒。在這一段潛意識意識化的歷程中，因為題材太過痛苦，所以會出現抗拒、防衛機轉的現象，此時治療師反覆的詮釋抗拒後，病人才有機會看到自己的核心衝突，此即修通的歷程，一般大約要經過三至五年的時間。

修通後的病人，將會經由對自己情緒經驗與精神現實的瞭解而獲得對現在處境的新體悟，並有更多機會看清自己的核心衝突與防衛機轉，使個體的人格呈現更自在與統整。

修通之後的人生，並不是過著完美的人生，而是能夠容許生命中的小小挫折和焦慮，不再陷入嬰兒式或毀滅式的恐慌中，懂得運用生命的資源，看見大自然的變化，瞭解內心的流動，更貼近真實而少防衛的人生。

Wow Cards　哇～卡

　　由黃錦敦、林祺堂這兩位敘事取向的諮商心理師、以敘事治療裡「獨特結果」（Unique Outcomes）的概念來創作問句，加上紀寶如老師的視覺設計，所創造出來的治療性對話媒材。敘事取向認為人之所以會持續受困、受苦，乃是因為主角活在充滿問題的故事裡，但是透過「獨特結果」的對話，我們可以找到許許多多問題故事以外的新故事。哇～卡共70張卡片，由健康卡片發明家出版。為「澄清型」牌卡，應用主題為自我探索，適用於個人及團體。

W

參考書目

方紫薇、馬宗潔譯（2001）。**團體心理治療的理論與實務**。臺北市：桂冠。

方紫薇等譯（2003）。**團體心理治療的理論與實務**。臺北市：桂冠。

王沂釗、蕭珺予、傅婉瑩譯（2014）。**團體諮商：歷程與實務**。臺北市：心理。

王慧玲、連雅慧譯（2002）。**家族治療的理論與方法**。臺北市：洪葉。

王慶福、鍾麗珍、王郁茗、何應瑞、賴德仁（2007）。**生理回饋訓練與放鬆訓練對大學生焦慮與憂鬱反應之影響效果**。中山醫學雜誌，18(2)，255–270

台灣藝術治療學會（n.d.）什麼是藝術治療。民105年8月1日，取自：http://www.arttherapy.org.tw

朱玲憶等譯（2000）。**當代心理治療的理論與實務**。臺北市：心理。p683-p709。

何長珠譯（2003）。**遊戲治療技巧**。臺北市：心理。

李宗芹（2011）。**舞蹈治療發展史中對身體運作理路的回顧與反思**。中華心理衛生學刊（TSSCI），24(1)

呂勝瑛（2008）。**諮商理論與技術**。臺北市：五南。

卓紋君等譯（2002）。**完形治療的實踐**。臺北市：心理。

周和君譯（2008）。**合作取向治療：對話、語言、可能性**。（Harlene Anderson, 1997, Conversation Language and Possibilities：A Postmodern Approach to Therapy）。臺北市：張老師文化。

易之新譯（2001）。**敘事治療**。臺北市：張老師文化。

易之新譯（2002）。**生命的禮物：給心理治療師的85則備忘錄**。臺北市：心靈工坊。

易之新譯（2003）。**存在心理治療（上）（下）**。臺北市：張老師文化。

林幸台、金樹人、陳清平、張小鳳（1992）**生涯興趣量表之初步編製研究**。教育心理學報，25，111-124。doi:10.6251/BEP.19920601.8

林美珠、田秀蘭譯（2017）。**助人技巧：探索、洞察與行動的催化**。臺北市：學富。

林美麗、李玉嬋（2012）。**兩性婚姻關係中的陰影——恐慌症患者女性主義治療歷程**。諮商與輔導，320，12-15

邱珍琬（2012）。**諮商理論與技術**。臺北市：五南。

邱馨慧、蔡佳良（2008）。**園藝治療對老年慢性疾病患者的應用方式與成效**。中華體育季刊，22(2)，79 - 85

金樹人（2002）。**生涯諮商與輔導**。臺北市：東華。

唐子俊、王士忠、孫肇玢、唐慧芳、唐慧娟、陳聿潔、李怡珊、劉秋眉、黃詩殷、戴谷霖（2008）。**兒童臨床工作手冊**。臺北市：心理。

修慧蘭、余振民、王淳弘、江文賢（2024）。**諮商與心理治療：理論與實務**（第五版。臺北市：雙葉。

修慧蘭、鄭玄藏、余振民、王淳弘（2017）。**諮商與心理治療：理論與實務**（第四版）。臺北市：雙葉。

翁樹澍、王大維譯（1999）。**家族治療理論與技術**。臺北市：揚智。

馬長齡、羅幼瓊、葉怡寧、林延叡譯（2013）。**諮商與心理治療**。臺北市：心理。

高淑貞（1998）。**親子遊戲治療**。臺北市：桂冠。

張傳琳（2003）。**現實治療法的理論與實務**。臺北市：心理。

張曉華（2011）。**從戲劇治療角色概念中建立自我的定位**。民105年8月1日，取自：http://blog.xuite.net/jw2001c/DramaAction/120713180-%E5%BE%9E%E6%88%B2%E5%8A%87%E6%B2%BB%E7%99%82%E8%A7%92%E8%89%B2%E6%A6%82%E5%BF%B5%E4%B8%

AD%E5%BB%BA%E7%AB%8B%E8%87%AA%E6%88%91%E7%9
A%84%E5%AE%9A%E4%BD%8D+by+%E5%BC%B5%E6%9B%89
%E8%8F%AF+%E6%95%99%E6%8E%88

許維素等著（1998）。**焦點解決短期心理諮商**。臺北市：張老師文化。

陳秉華等著（2006）。**焦點解決諮商的多元應用**。臺北市：張老師文化。

陳登義譯（2006）。**客體關係入門基本理論與應用**。臺北市：五南。

黃婷郁、嚴靚、郭人福、黃政昌（2016）。「牌卡」的出版概況與諮商中的應用分析。**諮商與輔導**，365，59 - 63

鄔佩麗（2008）。**危機處理與創傷治療**。臺北市：學富。

熊秉荃、胡君梅、吳毓瑩（2013）。**正念減壓課程與癌症**。民105年8月1日，取自：http://www.tap.org.tw/eletter/mag105/album02.html

鄭玄藏、余振民、王淳弘（2013）。**諮商與心理治療：理論與實務**（第三版）。臺北市：雙葉。

劉德威等譯（2001）。**心理動力式心理治療簡明手冊──健康保健管理時代下之原則與技巧**。臺北市：心理。

劉瓊瑛、黃漢耀譯（2003）。**學習家族治療**。臺北市：心靈工坊。

樊雪春（n.d.）**樊式壓力量表解釋**

樊雪梅、林玉華譯（2017）。**當代精神分析導論：理論與實務**。臺北市：心靈工坊。

鄭玄藏等合譯（2016）。**諮商與心理治療：理論與實務**。臺北市：雙葉書廊。

盧俊吉、蕭如雅、呂家菱（2012）。**芳香療法概述與個案分析**。農業推廣文彙，57

賴念華（2009）。**表達性藝術治療在失落悲傷團體之效果研究**。台灣藝術治療學刊，1(1), 15-31

American Dance Therapy Association (n.d.) What is dance/movement therapy? Retrieved 2016/8/1, from https://adta.org/faqs/

American Music Therapy Association (n.d.) What is Music Therapy. Retrieved 2016/8/1, from http://www.musictherapy.org/about/musictherapy/

Asia EFT (n.d.) 什麼是情緒取向治療。民國105年8月1日，取自：http://www.asia-eft.com/eft/

Clarke, Peter Bernard. Encyclopedia of new religious movements. Psychology Press. 2006. ISBN 978-0-415-26707-6.

Cordón, Luis A. Popular psychology: an encyclopedia. Westport, Conn: Greenwood Press. 2005: 201–204. ISBN 0-313-32457-3.

Hinshelwood, R. D.（1981）. A Dictionary of Kleinian Throught. London: Free Associaiton.

http://wiki.mbalib.com/zh-tw/EPPS

http://www.cardshouse.com.tw/html/cardshouse_card.php?kind_code=&i=

http://www.cardshouse.com.tw/html/cardshouse_card.php?op=detail&product_code=2011111415552601

http://www.cardshouse.com.tw/html/cardshouse_card.php?op=detail&product_code=2011111417594901&kind_code=&i=

http://www.oh.idv.tw/index.php

http://www.pactest.com.tw/(S(0hqbc2kwia02fnyulqrcmxyz))/ifpage.aspx?ifid=psy

http://www.pactest.com.tw/(S(0hqbc2kwia02fnyulqrcmxyz))/ifpage.aspx?ifid=psy

http://www.pactest.com.tw/(S(0hqbc2kwia02fnyulqrcmxyz))/ifpage.aspx?ifid=psy

http://www.pactest.com.tw/(S(0hqbc2kwia02fnyulqrcmxyz))/ifpage.aspx?ifid=psy

http://www.psy.com.tw/ec99/ushop20128/GoodsDescr.asp?category_

　　id=120&parent_id=118&prod_id=86160

http://www.psy.com.tw/ec99/ushop20128/GoodsDescr.asp?category_
　　id=120&parent_id=118&prod_id=86020#.VqClJ_l96M8

http://www.psy.com.tw/ec99/ushop20128/GoodsDescr.asp?category_
　　id=123&parent_id=118&prod_id=86050

Kemp, Daren. New age: a guide : alternative spiritualities from Aquarian
　　conspiracy to Next Age. Edinburgh University Press. 2004. ISBN 978-
　　0-7486-1532-2.

Laplanche, J. & Pontalis, J-B.（1988）. The Language of Psychoanalysis.
　　English edition, translated by Donald Nicholson-Smith. London: Karnac
　　Books.

North American Drama Association (n.d.) What is Drama Therapy?
　　Retrieved 2016/8/1, from http://www.nadta.org/what-is-drama-therapy.
　　html

参考書目

中英對照名詞索引

索引

239

索引

索引

N

O

索引

R

索引

索引

中文名詞索引

索引

索引

索引

索引

國家圖書館出版品預行編目資料

諮商輔導學辭典／樊雪春, 樊雪梅著. ——三
版. ——臺北市：五南圖書出版股份有限公
司, 2024.08
　面；　公分
ISBN 978-626-393-549-5（平裝）

1.CST: 心理諮商　2.CST: 心理輔導　3.CST:
　詞典

178.4041　　　　　　　　　113010173

1BVX

諮商輔導學辭典

作　　　者 ― 樊雪春(428.2)、樊雪梅

企劃主編 ― 王俐文

責任編輯 ― 金明芬

封面設計 ― 徐碧霞

出 版 者 ― 五南圖書出版股份有限公司

發 行 人 ― 楊榮川

總 經 理 ― 楊士清

總 編 輯 ― 楊秀麗

地　　　址：106臺北市大安區和平東路二段339號4樓

電　　　話：(02)2705-5066　　傳　　　真：(02)2706-6100

網　　　址：https://www.wunan.com.tw

電子郵件：wunan@wunan.com.tw

劃撥帳號：01068953

戶　　　名：五南圖書出版股份有限公司

法律顧問　林勝安律師

出版日期　2009 年 6 月初版一刷（共八刷）
　　　　　2017 年 9 月二版一刷（共五刷）
　　　　　2024 年 8 月三版一刷

定　　　價　新臺幣500元

經典永恆・名著常在

五十週年的獻禮──經典名著文庫

五南，五十年了，半個世紀，人生旅程的一大半，走過來了。
思索著，邁向百年的未來歷程，能為知識界、文化學術界作些什麼？
在速食文化的生態下，有什麼值得讓人雋永品味的？

歷代經典・當今名著，經過時間的洗禮，千錘百鍊，流傳至今，光芒耀人；
不僅使我們能領悟前人的智慧，同時也增深加廣我們思考的深度與視野。
我們決心投入巨資，有計畫的系統梳選，成立「經典名著文庫」，
希望收入古今中外思想性的、充滿睿智與獨見的經典、名著。
這是一項理想性的、永續性的巨大出版工程。
不在意讀者的眾寡，只考慮它的學術價值，力求完整展現先哲思想的軌跡；
為知識界開啟一片智慧之窗，營造一座百花綻放的世界文明公園，
任君遨遊、取菁吸蜜、嘉惠學子！